最好不相见，最好不相念

闲品历代爱情往事

王臣——著

中国出版集团　现代出版社

图书在版编目(CIP)数据

最好不相见，最好不相念：闲品历代爱情往事 / 王臣著.
—北京：现代出版社，2016.1
ISBN 978-7-5143-4020-4

Ⅰ.①最… Ⅱ.①王… Ⅲ.①传记文学－作品集－
中国－当代 Ⅳ.①I25

中国版本图书馆CIP数据核字（2015）第307767号

最好不相见，最好不相念：闲品历代爱情往事

作　者	王臣著	
责任编辑	崔晓燕	
出版发行	现代出版社	
通讯地址	北京市安定门外安华里504号	
邮政编码	100011	
电　话	010-64267325　64245264（传真）	
网　址	www.1980xd.com	
电子邮箱	xiandai@vip.sina.com	
印　刷	三河市南阳印刷有限公司	
开　本	880mm×1230mm　1/32	
印　张	8.5	
版　次	2016年1月第1版　2016年1月第1次印刷	
书　号	ISBN 978-7-5143-4020-4	
定　价	37.00元	

目录 | CONTENTS

序言 | 这世上，总有一个人，会爱你如生命

古典文学是浪漫的。它的浪漫不只在于词章字句锻造铺陈出的繁艳情致与简纯意境当中，亦存在于古典文学背后的真心人日日琢磨的感情生活里。因心中有情意，于是提笔作诗作词，兴发感动。以此流传出不朽的美来氤染后世的你我。

写作这本书的初衷便在于做一次虽不足够完整不足够系统，但能大致对古典诗词背后的爱情往事做出一个代表性检索的记录。因此，这一本书里所选取的古代爱情故事都是极具代表性的。

从上古传说到明清小说，从娥皇女英与舜的千古佳话，到杜十娘与李甲的悱恻情殇。每一笔字，每一句话，每一段文，每一篇辗转缱绻喋喋不休的记叙，都是郑重的、严肃的。也是情意饱满的、酣畅的。

在天愿作比翼鸟，在地愿为连理枝。世人皆知的一句话。出自白居易

的《长恨歌》，惊艳世人。而世人，他们微步于朱色的云端，以为在天上，时常跌落进幻觉。却又时常于不经意间一抬眼，见青鸟双双掠过，这才知道哪里是天，哪里是地。内心根植于人间的粗简的落寞霎时一览无余，碎落遍地。

人是渺弱的。但因内心有爱，于是得到长存。生生世世，不熄不灭。而那爱，就如同一枚石，落进人间的深河，激切出几道涟漪；如同一株草，植入干枯的大地，突破出几根经络；亦如一道日光，照亮生命阴暗潮湿的深谷，明媚向天。

爱情这件事，是与生命一同生效的。它们在历史当中，也便陈旧如古画。每吟一首缠绵诗，每读一阕哀怨词，总会忆及一段愁艳往事。里面的女子，各有各的风情；里面的男子，也是各有各的顽烈。彼此之间，也总有牵扯不尽的缱绻。

古典爱情是一幅最美的画卷。当中女子个个清艳可人。男儿也是络绎不绝于目，人人都有一身演绎了感情的本事。一路看过去，她们与他们都仿若是运命里绸缪好的戏子。在那一场叫作爱情的戏里，把自己的希望与绝望通体涂炭一回。得到的只是，凉薄岁月里绵密的记忆。

看那些女子。孟姜女最痴绝。班婕妤最哀伤。卓文君最浪漫。祝英台最壮烈。王宝钏最坚毅。而那最绝望的女子，是沉水付流年的杜十娘。于是，我知道，那一些不被珍惜的爱，终将被怀念。

爱是一种撩拨。通过这一次书写，我仿佛看见时光深处涉水而来的美人，带着片刻的恍惚和不朽的沉默。这一回，我来做出暗视的姿态，以温柔的心来观看那些沉睡百年、千年甚至更久远的爱。以沉默的笔来竭尽所能地书写。

写时，与时光一起百转千回。写罢，忽觉他即在身边，轻声耳语。温柔之姿，陈旧得令人心底绵绵，仿佛要渗出泪来。若是你，愿意一起腾出心中一些空间来安放这一本书，那我必定知道，你心深处，有一处湿漉漉的温柔。

尘缘作指引。于是，众生都奔波在爱的路途当中，辗转不休。以为这样过，便是一生。有巫色女子说："大千世界，众生如蚁，尘缘巫般来去，魅惑而玄妙，这就是为什么我们的世界乌烟瘴气千疮百孔，而我依然，很深很深地爱着它。"正是如此。

但是相思莫相负，牡丹亭上三生路。爱是简单，爱是质朴，爱是深重。愿，天下有情人终成眷属。让爱善终。

王　臣

二〇一五年七月

拱手河山讨你欢

01 | 双生

[娥皇、女英，虞舜]

读《列女传》，时光就此往前四千年。看上古时那漫天日照红光，与娥皇织衣，与女英作裳，再与虞舜造双生之爱。西汉刘向《列女传》之《母仪传》记："有虞二妃，帝尧二女也，长娥皇，次女英。"娥皇是姊，女英是妹。她们本是上古帝王尧之女。

那一年，两生花开，曜之铧铧。

尧，尹祁尧。二女之父。是年，尧觉自己年事渐高，于是意欲择一人来继承帝位。彼时，有人推举其长子丹朱为帝。不过，尧性情秉直无私。丹朱虽是己出，但尧自知丹朱秉性与己大相径庭。深觉不足委以重任。

司马迁《史记·五帝本纪》记："尧知子丹朱之不肖，不足授天下，于是乃授权舜。授舜，则天下得其利而丹朱病；授丹朱，则天下病而丹朱得其利。尧曰'终不以天下之病而利一人'，而卒授舜于天下。"

终不以天下之病而利一人。这便是尧的德。后来，族人重新商议之后，四岳十二牧推举了舜作部落联盟军事首领的继承人。尧帝心如明镜，事事入眼入心，也知斟酌明细，从不草率定事。国之君主本当如此。虽舜明德，但尧仍觉需要考量，禅让之事不能儿戏。

尧有二女，长女娥皇，次女女英。尧知二女对舜心有垂慕，便将二女许给舜为妻。此一举有两得。一是遂了女儿的爱情夙愿，二是命女儿对舜进行监视考察，以确定舜是否能胜任天下大任。相传，帝位禅让始于尧。对此，尧是费了许多苦心的。

一场政治与爱情双赢的戏码以此为始端。二女嫁于舜之后，属于他们三人的浪漫戏局才正式开始。

舜本是命苦的男子。母亲死得早，父亲瞽叟续娶了别家女子。此女心狠歹毒，对舜处处刁难，百般作弄，时时欲置其于死地。后来继母生弟，名曰象。母嚚。象傲。舜的生活环境十分恶劣。其生父又愚顽至极，为虎作伥，数次协助象母子谋害舜。

刘向《列女传》记载：

> 舜父顽母嚚。父号瞽叟，弟曰象，敖游于嫚，舜能谐柔之，承事瞽叟以孝。母憎舜而爱象，舜犹内治，靡有奸意……瞽叟与象谋杀舜。使涂廪，舜归告二女曰："父母使我涂廪，我其往。"二女曰："往哉！"舜既治廪，乃捐阶，瞽叟焚廪，舜往飞出。象复与父母谋，使舜浚井。舜乃告二女，二女曰："俞，往哉！"舜往浚井，格其出入，从掩，舜潜出。时既不能杀舜，瞽叟又速舜饮酒，醉将杀之，舜告二女，二女乃与舜药浴汪，遂往，舜终日饮酒不醉。舜之女弟系怜之，与二嫂谐。

这段记述当中讲的即是舜三次险遭谋害的事情。舜为人敦厚，对别人的信任持守是他的为人原则。对瞽叟和象母子也是素来无防备之心。但瞽叟与象母子的叵测居心被娥皇与女英一一看在眼里。娥皇、女英一来要提点丈夫，助其化险为夷，二来又要使家内诸事周全，于是她们便不能明言，只能对舜暗中指点，以此协助舜渡过难关，逢凶化吉。

头一次。瞽叟命舜爬上房顶用泥土修补谷仓。做活之前，舜对两位夫人说明了自己的去向。娥皇、女英一听预知内中险恶。于是二人提醒舜说，去做活时定要带上斗笠两个。舜十分尊重妻子，便带上斗笠。果然，瞽叟与象趁舜做活时抽走了舜攀爬支撑用的梯子，并放火烧仓。想以此害了舜的性命。幸好舜携斗笠两件，借斗笠之力，飞下房顶。未损毫发。

又一次。瞽叟命舜去挖井。待舜下到井深之处，瞽叟与象竟取土填井，欲将舜活埋于深井之中。而这一回，娥皇、女英亦事先识破了他们的伎俩。舜下井之前，早已按照两位夫人的指示在水井侧壁凿出了暗道一条。于是，舜又一次死里逃生，捡回了命。

再一次。瞽叟命舜终日饮酒，企图待其酒醉之后直接杀之。但饮酒之前，娥皇、女英让舜洗药浴后再前往。于是，当日，舜有药浴作用庇护，终日饮酒不醉。瞽叟与象母子再一次谋杀舜未遂。

虽然这一些都是传说，却依然是生动得令人愕然。观之，只觉娥皇、女英乃舜福之所倚。舜是上古帝王，天性即尊贵如神灵，又有如此聪明贞仁二女相伴。美人在侧花满堂，不待良时也喜乐。

纵然瞽叟与象母子险恶至极，但舜始终以德报怨，不计前嫌。这一些明德之举自然被娥皇、女英看在眼里。待尧让位于舜后，舜果真德治天下。他不负尧所望，令大禹治水，拯救了天下苍生。三人携手，心向日月，天下在手，人间安宁。舜帝也得英名不朽。

若无娥皇，若无女英。舜帝怕是早已命丧瞽叟与象母子之手。天子之身也就只能枯朽于天地之间。千钟尚欲偕春醉，幸有荼蘼与海棠。人间尘烟滚浊，舜帝得娥皇，又得女英，是福。也仿佛，有了她们，他一生才能得以完满。至此，一切都是圆满的。

但，舜帝暮年，九嶷山一带发生战乱。于是，舜帝便决定亲自前往监察。临行前，他一如往常将自己的去向告知娥皇、女英。但前途险阻无可预料，生死亦不能卜知。他当然不能让自己一生当中最爱的两个女人以身犯险。于是他断然拒绝了娥皇、女英伴行的请求。是夜深时，舜帝便钦点了少量随从，悄然离去。

若他离去，后会无期。如果娥皇、女英能一早料到事情的终局，她们怕是死也不会如了他的愿，放他独自踏上那渺然无归的路途。纵然后来她们携手远逐，也是再不能追到他了。

后来，二女在扬子江边遇风暴被困于洞庭山。正是在这一处，她们听到了舜帝离世的消息。"舜陟方，死于苍梧"。于是，她与她，四下离苦，无枝可依。是为女子剧苦。总有一些人的爱是可以穿越生死的。生者可以死，死者可以生。她与她，具备这样的力量。以涕挥竹，竹尽斑，泪染青竹成斑竹。举目成空。

深情以死句读。这是大多数悲爱的结局。待到她与她清透明净时，湘水早已覆没了她们的身躯。舜帝葬于九嶷山下，二女投死在湘江水里。人性本善，后人见她与她爱得孤苦决绝，便为她二人顾自画出了另一种圆满。说她们死后幻化成神，谓之"湘夫人"。

帝子降兮北渚，目眇眇兮愁予。

袅袅兮秋风，洞庭波兮木叶下。

登白薠兮骋望，与佳期兮夕张。

鸟何萃兮蘋中，罾何为兮木上。

沅有芷兮澧有兰，思公子兮未敢言。

荒忽兮远望，观流水兮潺湲。

麋何食兮庭中？蛟何为兮水裔？

朝驰余马兮江皋，夕济兮西澨。

闻佳人兮召予，将腾驾兮偕逝。

筑室兮水中，葺之兮荷盖。

荪壁兮紫坛，播芳椒兮成堂。

桂栋兮兰橑，辛夷楣兮药房。

罔薜荔兮为帷，擗蕙櫋兮既张。

白玉兮为镇，疏石兰兮为芳。

芷葺兮荷屋，缭之兮杜衡。

合百草兮实庭，建芳馨兮庑门。

九嶷缤兮并迎，灵之来兮如云。

捐余袂兮江中，遗余褋兮澧浦。

搴汀洲兮杜若，将以遗兮远者。

时不可兮骤得，聊逍遥兮容与！

    是为屈原的《九歌·湘夫人》。屈原深情，懂得她二人与他之间的羁绊。于是作诗纪念。在诗里，屈原自化湘君，代他追思、悼念。屈原在这首《九歌·湘夫人》当中，是想营造一种爱不得的惆怅意境。只是这彼此之间的羁绊，在这里成了死后的牵缠，别世的痴恋，另一世的流连。西汉刘向《列女传》之《母仪传》记："二妃德纯而行笃。诗云：'不显惟德，百辟其刑之。'"再记，"元始二妃，帝尧之女，嫔列有虞，承舜于下，以尊事卑，终能劳苦，瞽叟和宁，卒享福祐。"这是她们的圆满功德。后生铭刻。于此，她们得天赐恩慈，身死爱不灭，永久流传。

双生的女子，一世的爱。

生时，以爱为名。
死时，因爱不朽。

02 | 欢颜

［褒姒，周幽王］

> 良夜颐宫奏管簧，无端烽火烛穹苍。
> 可怜列国奔驰苦，止博褒妃笑一场。

　　这首咏论"烽火戏诸侯"之事的诗出自明人冯梦龙的小说《东周列国志》的第二回"褒人赎罪献美女，幽王烽火戏诸侯"。表达的感情是一种惜痛与斥责。这是一贯的思想。它所讲述的即是褒姒与周幽王那一段荒诞造孽却又着实百转千回的情事。

　　褒姒。褒不是名，姒亦不是。褒是生的地名，姒是养父的姓。她的存在仿佛只是某一种可以任意替代的符号，有的也只是一段"祸水红颜"的身世。

故事从一段歌谣开始。《东周列国志》里撰文"再说宣王在太原料民回来，离镐京不远，催趱车辇，连夜进城。忽见市上轩数十为群，拍手作歌，其声如一。宣王乃停辇而听之。歌曰：月将升，日将没；糜弧箕胞，几亡周国"。

此段文大意是说周幽王父亲周宣王时期，有童谣传开，曰"月将升，日将没；糜弧箕胞，几亡周国"。有人说"日"表君主；"月"指女子；"弧"是山上桑木，可以做弓；"箕"是山间箕草，可做箭袋。寓意即是下一代会有女主乱国，带来血光之灾。此一时，褒姒尚未出世，便已有惑众妖言。

于是，她的出世，被编排得荒诞无理。说是夏后氏衰落之时，有神龙两条降于夏帝宫廷，自称褒城二君，占卜后，桀摆设币帛祭物，书写简策，向二龙祷告，收龙涎藏之。到了周宣王时不慎打翻木椟，龙的涎沫流于王庭而变玄鼋。玄鼋是黑色蜥蜴。有年幼宫女踏足其上，心有所感而受孕。又说此宫女因怕王怪罪，便将女婴丢弃。

西周亡在周幽王手里，褒姒成了众矢之的。说她是妖是怪是祸乱之柢也是意料之中的，但这一些传说并不能作为褒姒的真实身世来说道。但是褒姒是弃婴这一点还是可信的。后来她被一对夫妇捡到，养成了出色的美女子。那美，不是惊鸿一瞥的艳妍，却是倾城倾国的清媚。

后来褒姒所在褒国战败于周幽王手下，于是全城搜得绝色女子一名献与周幽王。那女子即是褒姒，她被当作礼物进献镐京。彼时，她不过是不谙世事的十几岁少女。

周幽王名曰姬宫涅。他是飞扬跋扈的君王，是不可一世的国主。但他有他的命劫，他亦有能降住自己的主。遇见她之前，他仿佛一直都是潦草度日，全无帝王的精整霸趣。唯有她，褒姒，落入了他的眼，让他看见自己的生于这世上被光照耀的温暖。他爱这姑娘，爱到无以复加，爱到弃舍江山也无疑。

男人对女人的痴迷，有时即是癫狂。为讨你欢颜色，纵使拱手河山也在所不惜。若真爱只有一回，那褒姒才是被姬宫涅认定这一世所真正眷爱的那一个。他注定是为她生，她也注定要来易他运命。

他处处讨她欢喜，为的也不过只是要美人的展颜一笑。他为她做尽了事。造琼台。制美裳。召乐工击鼓鸣钟品竹弹丝。命宫人歌舞进觞。兴师动众，只为取其欢。他要的一点也不多，但她偏偏不给。任他做再多也是无济于事。

她仿佛生来就不喜笑。他所能见的，始终都只是她宛然孑立的模样。她神情里始终有哀伤。那哀伤是他所不能看透彻的。毕竟，她与他之间，横亘着一段彼此不知的过往。

曾经，她居于陋室。与养父母一起，粗茶淡饭，但岁月安稳。平日里，她不弄粉调朱，亦不贴翠拈花，月下焚香也是鲜有的事。她只是一点一点做活，把日子过得清定良稳。她并无甚恢宏志向，她只愿掩起自己的貌穿梭在人群当中度一世清净女子的生涯。她不想，她命里乾坤跳转无序。

彼时，她尚不能接受自己的命运不能自主的现实。她变成物品，任人迎送。当她被选定作为礼物献给姬宫涅的那一时，她势必内心对他是有怨怼的。一名她本以为百世不得遇见的陌生男人生生折断了她的生之静好。她却不能抗拒，唯有顺从。

入宫之后，她不作为。她少言少行，甚不嬉笑。她犹如一枚端庄肃穆的瓷器。矗在深宫里竟如止水。但他爱她，太爱她。他热烈，她冷漠。他亲近，她疏离。他要爱，她偏不予。他仿佛在她的爱情里已被宣判极刑，再无回旋的余地。

公元前779年，褒姒诞下一子，名伯服。

公元前777年，姬宫涅废申后和太子宜臼，立褒姒为后，褒姒之子伯服为太子。这都是深宫里的女子梦寐以求的事，母子皆贵。姬宫涅，本以为自己冒天下之大不韪，做出此等废申后立她为后之妄举，可得佳人一点倾心的情意。岂料，仍不得。于是，他气急败坏，下了一道命令。他太无奈。唯有许下千金之诺，出此下策。

他说，若有人能献计博王后一笑，便赏金千两。"千金买笑"的事正是从此处宕开。唐诗人卢照邻有诗《十五夜观灯》道："锦里开芳宴，兰缸艳早年。缛彩遥分地，繁光远缀天。接汉疑星落，依楼似月悬。别有千金笑，来映九枝前。"这末句的"千金笑"正是引了姬宫涅与褒姒的典故。

那一日，"为人佞巧，善谀好利"的佞臣虢石父献计，说若王准他建议，定能博美人倾城一笑。姬宫涅信了，于是一场前无古人后无来者的历史闹剧被草草上演。他全然不知他的运命、她的运命、城邦的运命都已惨遭暗算。暗算他们的是奸臣，是他渐渐丧失的智慧，是他对她愈加汹涌的感情。

这一段事《东周列国志》里说得声色溢彩。但它是小说，所以看时心里也是要留这一份谨慎心思的。但，事还是那事。姬宫涅听从了虢石父的计策。携褒姒驾幸骊山。

大举烽火，复擂起大鼓。鼓声如雷，火炮烛天。线内诸侯，疑镐京有变，一个个即时领兵点将，连夜赶至骊山，但闻楼阁管箫之音。幽王与褒妃饮酒作乐，使人谢诸侯曰："幸无外寇，不劳跋涉。"诸侯面面相觑，卷旗而回。

褒妃在楼上，见诸侯兴师动众却并无一事。于是，不经意间，她笑了。这笑，只是她随心性至的单纯愉悦。仅此而已，她本就无甚心计。但她却不知，她这一笑倾了城亦亡了死后声名，更亡了姬宫涅的心智，毁了国邦。

公元前 771 年，申侯联合西北之犬戎及缯、吕等国，进兵周朝国都镐京。此时，姬宫涅再燃烽火以调动各路诸侯勤王却不能再得。他的智慧用错了一次，便失去了威慑的信用。各路诸侯皆不应。镐京失守是必然终局。姬宫涅亦被犬戎兵杀于骊山。后来废太子宜臼即位。为周平王。镐京败毁，周平王迁都洛邑。至此，西周亡，亡于姬宫涅手。

屈原的《楚辞·天问》当中亦有"穆王巧梅，夫何为周流？环理天下，夫何索求？妖夫曳炫，何号于市？周幽谁诛？焉得夫褒姒"的句子。

世人都对这女子心怀怨憎。而她自始至终都是卑微的，即便一朝为后，也掩不住她身为女子的弱处。男人败落了邦国，女人的声名也不能保全。无论她作为不作为，都要被当成错。

但如今她已不过香魂一缕，任凭后人如何栽赃杜撰，她都无任何辩解的机会。她有的也只是游在荒野里的轻飘和自顾自的关照。但她定懂得把一切都抛在亡魂之后，再不去理会所有的编排。

03 | 素绢

［息妫，息侯］

莫以今时宠，忘却昔日恩。

看花满眼泪，不共楚王言。

这是王维写美人息妫的一首《息夫人》诗。王维是好诗人。人是好人，诗更是好诗。他不与封建卫道士为伍，对息妫自有一套真善的说法。他说，为人，不可因此时的恩宠，忘却彼时的恩情。当如息妫，沉默看花，清泪满目，却不与楚王共话一言。

息妫是谁。是春秋女子。是陈国公主。是息侯夫人。是楚国王后。是容颜绝色的桃花美人。她初入历史舞台时，一袭大红嫁衣，青丝衣袂风里摆荡。风情万种。前人作诗云："桃花夫人好颜色，月中飞出云中得。新感恩仍旧感恩，一倾城矣再倾国。"

息妫本居陈国妫水，姓妫氏，后因嫁与息国息侯，方被称作息妫。息夫人初到息国时，息国的国力衰弱。息妫是贤达智慧的女子，忧国忧民之心寤寐不忘。她见君侯疏于政事，沉湎酒色，便暗暗规劝息侯勤政。息侯知夫人苦心，也便开始收束性情，亲贤远佞。

公元前 684 年的一日，正是她初嫁息侯后归宁回陈之时。途上，她正巧路经蔡国。因蔡哀侯和息侯同娶陈国女子妫氏姐妹为夫人，于是蔡哀侯便欲设宴款待息妫，尽地主之谊。这本是好事。初时，蔡哀侯尚能持守宾主礼仪。却无奈息妫姿容美绝，蔡哀侯觊觎良久，使之难抑心中爱欲。

岂料，宴席间，蔡哀侯不能自已内心情欲，对息妫做出轻薄下作之举。令息妫伤怒不已。哪一个女子甘愿被轻薄？她虽面如桃花，却连保全自己也要周章费尽。于是，不待盛筵终了，息妫便拂袖而去。

息侯得知此事后，盛怒之下，立誓要雪耻。男人的骨子里都有某一种顽烈的偏执和占有欲。或者，也可以称作某一种单向的感情洁癖。容不得自己心爱的人受到一丝羞辱。息侯，以及大多数男人都是如此。

息侯选择报复蔡侯的方式是决绝的，他是要置他与他的国于死地的。男人之间的较量，若无只会，便是血腥。

彼时春秋，诸侯国众多，且各自为政，相互攻伐兼并，扰攘不安。晋楚两国自"城濮之战"后，势力大增，形成南北壁垒。因此，其余小国，非是依晋，即是附楚。汉水以东包括息国在内的小国都向楚称臣。

息、蔡两国都是小国，但息国实力甚弱，抵不过蔡国。于是息侯欲使一"借刀杀人"之计，借楚国力量，以彻底铲除蔡国。来湔洗心头之耻。只是。用心计较般般错，退步思量事事难。

息侯依计派遣使者向楚国进贡，并趁机挑拨楚、蔡两国。使者说蔡国自恃与齐国交好，不肯朝贡于楚。不除蔡，楚国威何在？于是，使者进言曰："伐我，吾求救于蔡而伐之。"意思是，楚国假意伐息，待息国求援于连襟的蔡国，蔡国出手相助时，楚国再与息国联合讨伐蔡国。如此，方能一举歼灭蔡。

于楚而言，此计甚妙，百益无害。彼时，楚文王定都郢后，势力已伸向南阳盆地，正图谋东向，以扩大北上争霸的通道。地处汝水、淮水之滨的蔡、息，正是东进北上的要塞。诸侯乱战弱肉强食的年代，楚文王对息国使者的进言丝毫没有不应之理。

后来，楚文王依计，择吉日兴兵讨伐，直奔息国。息侯假装失措，向蔡哀侯求救。蔡哀侯慨然应战，率大军援助。岂料，蔡军安营未定，便被楚、息二国军队联合包围，成了瓮中之鳖。蔡军大败，蔡哀侯被楚军生擒。至此，蔡哀侯方才明白战事的真相。却悔之已晚。

楚文王本欲烹杀蔡哀侯。因为谏臣鬻拳犯颜直谏，指出"王方有事于中原，若杀蔡侯，他国皆惧矣！不如释之，而为盟友"，并自断一足，蔡哀侯方才捡回一条命。而后，楚文王为示自己违谏之过，竟设宴款待蔡哀侯。蓦然之间，蔡哀侯的运命瞬息万变。

这一切祸端，蔡哀侯将之归罪于息妫。便趁机在楚文王面前大肆赞扬的息妫的姿色。说她："目如秋水，脸似桃花，长短适中，举动生态，世上无有其二！"令楚文王心动不已，慨叹道："寡人得一见息夫人，死不恨矣！"

楚文王欲得息妫，这是意料之中的。于是。公元前680年，楚王借巡视各方为名，来到息国。息侯迎谒道左，极其恭敬。亲自安排馆舍，于朝堂设宴款待。宴席中，楚文王命息妫敬酒。夺妻之意显露。

果然，息妫一出场，楚文王便如同一粒尘埃。他对她的注目，非是寻花问柳式的蜻蜓点水。他是直直地将她的美盯住，用尽了力气的那一种。而息妫面对他，亦是不卑不亢。只见她，轻执酒樽，一饮而尽，拂袖转身，利落干脆。

有时，女人的冷漠，是对男人致命的诱惑。因那冷漠当中是一种无限开阔的空旷，又是一种只待良人驰卧的勾引。

楚文王当即决心要定了息妫。当即，楚王不由分说命人将息侯拿下。朝夕之间，变了乾坤。这是息侯始料未及的。后来，息侯成了楚国都城的守门小吏。息国亡。于是世人都将罪责怪到了息妫的身上。都说息妫是祸水，亡了息国。这当然是不对的。女人生得美并没有错，男人热爱女人的美也没有错。错就错在她生在陈国，又嫁给了息侯。

其实即便没有息妫。楚文王也是要灭了息国的。伐蔡灭息，是他迟早都要做的事。占领了息国，便是取下了扩张的要塞。东可取淮夷之地，北可逼郑许洛邑。楚文王赢得彻底又利落。

当时，息妫也是想保全自己一死了之的。但是被楚人拦住。楚人说："夫人不欲全息侯之命耶？"是，她若在，至少能保住息侯性命。她若是去了，息侯怕是也就活不成了。她忍辱偷生，本就是为了他的。她不过只是为爱一意孤行的一名弱女子。带着一颗损毁的心在流言里风行。羞耻的不是她的身。是尘埃浊重。

三年。整整三年。她嫁给楚文王的三年。她为他生二子，却不与楚王言。历史不是亲历，无可考证。但传说也定然有根源。他对她横绝于世的爱，只换得她三年冷漠阑珊意。楚王逼问她，要她说出一个道理来。只听她一句："吾一妇人，而事二夫，纵弗能死，其又奚言？"凄哀悲绝。

事情到了这里也不是结束。后来息妫向楚文王泻出恨蔡之心，楚文王便软禁蔡哀侯，直到他死去。也不知，楚文王这些行为，到底真是为息妫，还是早已计划周全的步骤。

而息妫运命的终局也素来是说法不一。最浪漫的一种是说：一日，楚文王打猎外出，她便趁机与当时被逼作守城小吏的息侯私会。二人相见，恍若隔世。只见息妫痛不欲生，欲哭无泪，道："妾在楚宫，忍辱偷生，初则为了保全大王性命，继则为了想见大王一面，如今心愿已了，死也瞑目。"

她知，息侯甘为守城小吏，也是期许苍天见怜，望与自己重聚得见天光。彼时，息妫一颗心在息侯面前落定。与异心人三年的光阴抵不过面前这四目相对的一刻。她往城墙撞去寻死的一霎，怕是息侯再怎样也不能预料到的。

就好比当初捍卫她时不知会失去。
再见时亦不知是诀别。

她苟活三年是因内心对他有惦念。再见他安好，也就无挂无虑，失节的身也就到了该被毁亡的时刻。这女子，清洁如死。死是她选择的最后一次清洁。干脆彻底。息侯见状，为报妫氏深情，也撞死于城下。一双人就这样，消失在了暗夜孤桀时，落寞恒存处。

楚文王打猎回来知道此事后，震惊之余黯然神伤。她这一死也将楚文王从黑暗处牵到了和睦日光下，令他内心情意翻涌。后来，楚文王因有感于二人的纯情，以诸侯之礼将息侯与息妫合葬于汉阳城外的桃花山上。后人在山麓建祠纪念，名为"桃花夫人庙"。事终。

周作人曾评说息妫道：

> 她以倾国倾城的容貌，做了两任王后，她替楚王生了两个儿子，可是没有对楚王说一句话。喜欢和死了的古代美人吊膀子的中国文人于是大作特作其诗，有的说她好，有的说她坏，各自发挥他们的臭美，然而息夫人的名声也就因此大起来了。老实说，这实是妇女生活的一场悲剧，不但是一时一地一人的事情，差不多就可以说是妇女全体的运命的象征。

唐诗人宋之问也作《息夫人》诗："可怜楚破息，肠断息夫人。乃为泉下骨，不作楚王嫔。楚王宠莫盛，息君情更亲。情亲怨生别，一朝俱杀身。"好一个令人伤心欲绝的美人。

正是如此。但如论如何，息妫和她不与楚王言语的三年光岁，到底是一并端立在历史长河当中和文人墨客的心里，宛如素绢织起的不朽之花。

04 | 越人歌

[越女，鄂君]

越人歌。它是一道风。春秋时候，吹到楚地的风。风里头，裹挟着的是穿越千山万水的寂寞。时光往回穿梭，她站在尽头处的河流里唱出了这一首《越人歌》。她是越女。亦是湮灭在尘埃当中，不见生之跌宕的孤女。

她初见他时，不过身是小小摇船女，所能做的也只是为他划桨荡舟衬风月。而他也只不过是立在另一端的船头，以浮薄背影湮灭掉她的视线。也罢。她本便别无渴求，只图他一转身一凝眸时落下零星光辉，予她刹那。唯一得幸的是，他竟终于不经意间，给予了她温柔一瞥的梦之光华。他是鄂君。

低处的女子总将高处的男人的爱当成恩泽。这不单是她们的悲哀，也是时代的。旧时，人人都是有身价的。如同明码标价的商品，连爱情也势必遭到殃及。越女与鄂君的身份是不对等、不匹配的。他们的爱情几乎没有任何发生的可能性。于是这一刻，她必是如受宏大恩泽。内心激流汹涌。

此一时，她怔怔地将神凝住。忽而唱起歌来。是《越人歌》。那声音是灵动婉转的、动人心腑的。如新荷摇艳，波纹荡漾。他便被圈进了她声音的旋涡里。他是王子，满腹经纶，充满智慧，灵上有光，自有细敏知觉。

其实越女与他应当是语言不通的，距离带给他们文化上根深蒂固的迥异和阻隔。但是这亦不能成为他知悟她的妨碍。他让人将越女的唱词译给他听。霎时，他从她处感受到从未有的温情。简真纯粹。来自越女娇怯氲红的脸和绵绵不绝的清暖歌音。

> 今夕何夕兮，搴舟中流。
> 今日何日兮，得与王子同舟。
> 蒙羞被好兮，不訾诟耻。
> 心几烦而不绝兮，得知王子。
> 山有木兮木有枝，心悦君兮君不知。

今夕何夕，她不知自己竟能操桨于此洲流之中。今日何日，她亦没有预料到自己竟有幸能与王子同舟。此刻，她内心的含羞怀情非是霎时冲动，是情不自禁，是低处仰望的膜拜之心里生衍出的恋慕。而她竟又意外得大人赏识见爱，于是她便再不顾旁人诟骂羞耻，唱起歌来。

她自知内心的痴迷是一条深河，涉水而过，已浸透身体发肤，只为盼见王子。她沉坠进自己内心的独自往返，不能自拔。

只是她并没有更多的权利。这爱的落差太大，她是惹不起的。于是，她全当他不知，顾自倾言。她说，山上有树，竹木有枝。我心里对你的敬慕，你却不知。她内心的爱意表达也只能限于此处，再不能多。

而另一头，他对她的心意其实也并不是全然不知，他只是不知如何去应对。他的内里乾坤装下的太多，是满满当当的是非功利与江山河川。所以，此一刻，至于面对这简纯的点滴男欢女爱，竟已不知如何是好。

他们之间的距离，说远，那自是远过千山远过万水。说近，也就是触手可及的咫尺之间，他伸出手，为她披上了娟绣碎花的绸缎被面。不作为，却又有心回应。而之于他，回应亦只限于此，再不能多。

她是活在低处的女子。她是注定被欺夺的人。内心深处的卑微爱火看上去是冷寂且不足挂齿的。寻常男子尚对她熟视无睹，更何况睥睨不及她处的王子。所以这爱是不对等的，是必当被隐匿的，甚至是要被在阴暗之处荼毒的。

故事尚未开始就已结束。之后的事于此刻的后人看来，也不再重要。有一种美好，即是擦肩而过。他们注定只能止于流水浮舟上，留给彼此一点念想，留给后世一点芳香。相爱，有时就是为了遗忘。注定不会有结果的两个人，相忘于江湖，也是好的归宿。

越女唱过的这首《越人歌》，它情意痴缠，却又优雅婉转。背后暗匿的故事很美却不跌宕，清清淡淡的一抹而过，但亦意蕴深长。《越人歌》于西汉奇书《说苑》中的《善说》一篇曾有记载。在《善说》当中，这个故事借由楚大夫庄辛之口讲出。但当庄辛讲出时，却又是另一番意味。

> 襄成君始封之日，衣翠衣，带玉剑，履缟舄，立于游水之上，大夫拥钟锤，县令执桴号令，呼："谁能渡王者于是也？"楚大夫庄辛，过而说之，遂造托而拜谒，起立曰："臣愿把君之手，其可乎？"襄成君忿作色而不言。庄辛迁延沓手而称曰："君独不闻夫鄂君子晳之泛舟于新波之中也？乘青翰之舟，极？芘，张翠盖而？犀尾，班丽褂衽，会钟鼓之音，毕榜枻越人拥楫而歌，歌辞曰：'滥兮抃草滥予昌枑泽予昌州州州焉乎秦胥胥缦予乎昭澶秦踰渗惿随河湖。'鄂君子晳曰：

'吾不知越歌，子试为我楚说之。'于是乃召越译，乃楚说之曰：'今夕何夕搴中洲流，今日何日兮，得与王子同舟。蒙羞被好兮，不訾诟耻，心几顽而不绝兮，知得王子。山有木兮木有枝，心说君兮君不知。'于是鄂君子皙乃揄修袂，行而拥之，举绣被而覆之。鄂君子皙，亲楚王母弟也。官为令尹，爵为执圭，一榜枻越人犹得交欢尽意焉。今君何以踰于鄂君子皙，臣何以独不若榜枻之人，愿把君之手，其不可何也？"襄成君乃奉手而进之，曰："吾少之时，亦尝以色称于长者矣。未尝过僇如此之卒也。自今以后，愿以壮少之礼谨受命。

到底，襄成君还是应了他逾礼执手的请求。

亦因这一处的记载，带给了后人研究《越人歌》上的一些争议。由于此处记载鄂君之事时，提及的只是"越人"，而非特指"越女"。并且，庄辛对楚王襄成君的敬慕之心在这一处着笔浓重，感情表达得突兀又稠烈。于是，亦有后世对《越人歌》作出一种涉及同性爱的理解。将《越人歌》定位为中国文学史上最早的明确歌颂同性恋情的诗歌。因此，这种说法不是贸然的，有它的道理所在。

但这一种观点，连同将"越人"作"越女"的说法，都是后人在自己的审美取向的范畴里做出的探讨，探讨者自身的主观感情产生了不小的影响，不具备纯粹的客观性。

最严肃的理解是越人"山有木兮木有枝，心悦君兮君不知"一句仅是表达底层百姓渴望取悦侍奉贵族的心意。而鄂君子皙"行而拥之"的举动亦只是表达了贵族对下层的尊重之心。都与爱情无关。

如此理解，似乎妥帖，却生生剥蚀了《越人歌》流转在唇齿之间的美。如同娉婷少女赤裸于光天化日之下，观者毫无想象的余地，那美自然也折损至无。无声无色。无流转无缠绵。

因此，《越人歌》流传至今，被赋予最广泛的理解依然是越女与鄂君的事。《越人歌》之事发生在约公元前 540 年前后的春秋时期。彼时，虽楚越相邻，却仍是不通方言，两国交往须借翻译。如此背景之下，酿造出的这首《越人歌》却依旧是悱恻缠绵。

它在中国古代文学当中的地位也是举足轻重的。《越人歌》是我国历史上现存的第一首译诗。其言辞婉转，其意蕴缠绵，风格十分接近《楚辞》里的作品。它被后人认为与楚国的其他民间诗歌一起成为了《楚辞》的艺术源头。它被太多的人爱。

电影《夜宴》当中有一段青女唱《越人歌》的画面，凄楚感人。银白面具之下的青女，肉身在灼烧，骨骼在舞动，灵魂也在渐渐出窍。她饮下毒酒之后的时间是熬煮。她将珍珠作腐土，轻唱情深之不寿。她仿佛就是凝神于王子鄂君的摆船越女。痴痴地捍卫自己内心仅存的虚像。

席慕蓉亦曾为它作诗：

> 我是飞蛾奔向炙热的火焰，
> 燃烧之后，必成灰烬，
> 但是如果不肯燃烧，往后，
> 我又能剩下些什么呢，除了一颗，
> 逐渐粗糙，逐渐碎裂，
> 逐渐在尘埃中失去了光泽的心。

05 ｜ 清影

［弄玉，萧史］

　　李清照曾作下一阕叫作《凤凰台上忆吹箫·香冷金猊》的词。那阕词写得实在是美。里头有一句"念武陵人远，烟锁秦楼"。

　　烟锁秦楼。李清照说的秦楼就是传说中弄玉和萧史腾云而去的那座凤楼。李清照引一语"秦楼"，自然有她的道理。因这"秦楼"的背后是一段令李清照慨叹不绝的浪漫与逍遥。故事要追溯到两千多年前的春秋时期。

　　她叫弄玉。

　　父亲是秦穆公，春秋五霸之一。

关于弄玉的身世有一些传说。相传,她出生那一年,有人曾献给秦穆公一块璞玉。古人有抓周习俗,北齐颜之推《颜氏家训·风操》:"江南风俗,儿生一期,为制新衣,盥浴装饰。男则用弓、矢、纸、笔,女则用刀、尺、针、缕,并加饮食之物及珍宝服玩,置之儿前,观其发意所取,以验贪廉愚智,名之为'试儿'。"

传说弄玉抓周时,旁的物件她皆无兴致,只喜那枚璞玉,握于手里不肯松弛。也因此状,秦穆公便给她取名"弄玉"。

弄玉天生敏慧。且好吹笙,自有一种秉异天赋。一吹即成天籁好音。秦穆公最爱女儿弄玉,便将她出生那年得到的那枚璞玉命人雕成玉笙,给弄玉。这玉笙配弄玉,可谓是天生的一双天工神物。弄玉吹那玉笙,更是如临瑶池,步履成云。

秦穆公还给弄玉造了一座楼,叫作"凤楼"。楼前又搭高台,叫作"凤台"。弄玉居凤楼,日日夜夜笙声做伴。

待弄玉及笄那一年,秦穆公想给女儿找一如意郎君,便去询女儿之意。岂料弄玉却道,若非能与我笙声相合之人,宁孤老一生也不嫁。弄玉心思清明,自己要的是什么样的爱情,什么样的男子能与之匹配,工工整整在心中立着一副模样。

后来秦穆公遍寻全国,也未能寻得一名符合弄玉心思的男子。

正当秦穆公为此事担忧时，弄玉做了一梦。这梦是神妙的。

她对父亲说，梦里，她见到西南天门大开。于是，见仙人入梦。那仙人貌美，玉树临风，羽冠鹤氅，乘祥云驾彩凤，临至梦境，落于凤台之上。她只字未言，他便从腰间取下一根赤玉箫，倚栏而吹。只听得那声如清风，虚渺入耳，却弥灌骨血。吹毕，他启口对她说话。

他说，他是大华山之主，天帝命他下凡，与她结为夫妻，在这一年的八月十五中秋夜里。气宇执定，不容惑疑。那话里是天降的旨意，是前生便已注定的姻缘。他是来给她托梦、给她指示，关于感情、归宿、爱的命局。

秦穆公听得此一说，当真大喜。便依据女儿指示，派属下孟明寻访大华山此人。孟明到了大华山，到处寻访，皆不知此人。

后来，孟明遇一名从山上下来的樵夫，告诉孟明，七月十五时，确实有一名风神俊朗的男子来到华山顶上独居。此人行踪诡秘，仿若是外人，平日里也是鲜有出没，也不吃，也不喝。只是偶尔来山下买些酒喝，才让人觉得他到底还是存在的。且此人好吹箫，箫声更是令人赞绝。

听到樵夫这一番述说，孟明即刻便去了山顶拜访。一见，那神秘男子气宇轩昂，自有一种出尘轻妙的气质。令人不得不叹天工造人。他便是，萧史。

孟明说明来意之后，便请萧史随自己一起入宫面见秦穆公。秦穆公看萧史，也是处处非凡夫，绝非池中物。若是放在平时，他对萧史自然无二话说，心中有一百个满意。但是女儿的叮嘱他没有忘。于是他问萧史，可会吹箫。

一语即毕，四下无声。只见萧史静定合目，从腰间悄然取下赤玉箫，吹奏出声。那声音一经流淌，就是一种无可抵抗的覆没。秦穆公知，他就是女儿要寻的人了。

弄玉躲在暗中将一切看在眼里。心中欢喜无限。萧史却淡定自处，仿佛一切皆是他预计到的事，仿佛他当真是仙人。

择良辰，取吉时。二人喜结连理，一同入住凤楼。自此，每至日晚夜深，人人都能听得凤楼传来笙箫双声合鸣，如流如风如绵密浮云，别有一种清妙。弄玉每天跟萧史学吹箫，也学导气之术。更是每日在凤楼吹箫弄笙，好不和睦快活。

这爱情，生得奇妙，长得也是骨骼清奇，非人间物。凡夫拥不得，却也是艳羡得的。话说神妙的人之间所生的神妙之爱自有神妙的进展。半年后，二人便成仙了。那夜，他们站在凤台，向空长奏。笙箫声若天籁，直入长空，引来一龙一凤，集莅凤台。

是时，萧史说，他的确非凡人，本乃天庭仙人，正如他曾托梦所言，是授天帝意旨，了却二人之间的凤缘。如今，凤缘已结，便是回天之时了。说完，他便携弄玉一起乘龙凤升天而去。"乘龙快婿"这一词正是从这里生出。如此，这"玉人何处教吹箫"的优美传说便荡开在历史当中。

> 弄玉秦家女，萧史仙处童。
> 来时兔满月，去后凤楼空。
> 密笑开还敛，浮声咽更通。
> 相期红粉色，飞向紫烟中。

汉人刘向在《列仙传·卷上·萧史》里记道：

> 萧史善吹箫，作凤鸣。秦穆公以女弄玉妻之，作凤楼，教弄玉吹箫，感凤来集，弄玉乘凤、萧史乘龙，夫妇同仙去。

古书《仙传拾遗》也对此事有描述：

> 萧史不知得道年代，貌如二十许人。善吹箫作鸾凤之响。而琼姿炜烁，风神超迈，真天人也。混迹于世，时莫能知之。秦穆公有女弄玉，善吹箫，公以弄玉妻之。遂教弄玉作凤鸣。

居十数年，吹箫似凤声，凤凰来止其屋。公为作凤台。夫妇止其上，不饮不食，不下数年。一旦，弄玉乘凤，萧史乘龙，升天而去。秦为作凤女祠，时闻箫声。今洪州西山绝顶，有萧史仙坛石室，及岩屋真像存焉。莫知年代。

不过。历史是历史，传说是传说，爱情是爱情。都是分明的，相异的。这历史当中流传的爱情，看过去确实繁艳清决。此刻诉至此处，却觉，这爱也不是爱，情又不似情。处处都是圆满，便处处都是清浅。没有那世俗的爱来得酣畅。

不如不遇倾城色

06 | 无邪

[孟姜女，范喜良]

五代前蜀的贯休是和尚。好和尚。俗姓张，字德隐，婺州兰豀（今浙江兰溪）人。其人落落大度，天资绝伦，有大智慧。可日记千字《法华经》。《唐才子传》称赞他：

> 一条直气，海内无双。意度高疏，学问丛脞。天赋敏速之才，笔吐猛锐之气。乐府古律，当时所宗……果僧中之一豪也。后少其比者，前以方支道林不过矣。

他因有名诗"一瓶一钵垂垂老，千水千山得得来"，于是贯休又被世人称作"得得来和尚"。他虽是风尘外的高僧，却对风尘中的人际情遇的真相了然在胸。所以，他能以苍凉之心对尘世里的悲情女子注目。

秦之无道兮四海枯，筑长城兮遮北胡。

筑人筑土一万里，杞梁贞妇啼呜呜。

上无父兮中无夫，下无子兮孤复孤。

一号城崩塞色苦，再号杞梁骨出土。

疲魂饥魄相逐归，陌上少年莫相非。

于是，那个不见月光的阒寂之夜，他作了这首《杞梁妻》。杞梁妻即是传说《孟姜女哭长城》里孟姜女的原型。而杞梁即化为传说里的孟姜女之夫范喜良。

杞梁妻的故事最早记载于《左传》齐庄四年（公元前550年）齐国与莒国的一场战事。杞梁战死，其妻悲绝。齐庄公派特使前去吊唁，被她成心怠慢，以示内心顽绝不满。故事原本是简单的，并无"哭夫"、"崩城"与"投水"的情节。千年光阴浸淫，传说得以变得丰满圆熟，愈加动人。

民间智慧是无穷尽的，杞梁妻之事衍生的《孟姜女哭长城》的传说是底层百姓的、弱者的。亦有一点是可以肯定的：孟姜女是大义凛然的，孤绝至美的。于是传说亦经久不衰且万世传承。陌上少年莫相非，杞梁之妻音蚀骨。且听贯休凭一首《杞梁妻》将孟姜女的传说娓娓道来，如风耳畔吟。

秦时。祸乱横世。她入世已是意外。墙角横入一枝梅般突兀悦目。传说她是孟家门前的葫芦女，霎时心盲，化身成女子闯入这不平人世。都断定她不是人间女，因她一身清灵，满目莲意。她坠落孟家，名唤姜女，是一朵赏心花。依在帘旁，已是清艳不可方物。

那日，他匆乱闯入她视线。秦始皇造长城，广征壮丁，劳民伤财。他有母亲要养，哪能离得了身。躲到这一处，不想惊了姑娘。他惴惴不安地喘着粗气红偷着脸。他说他叫范喜良。

她见多乱世男人横行蛮道，却不见他这般质朴敦厚的良人，她就这么痴痴望着面前的男子，丢了魂魄。他哪里料得到自己亦早在凝眉端视她的那一刻乱了方寸，堕进了她浣纱濯爱的那一条深河。

后来，他们成了亲，结为了夫妻。这之前的事亦不过风花雪月二三事，不足挂齿。而这之后的，才是感天动地要了人命的伤心事。

躲得过一时，躲不了一世。小小范喜良哪里躲得过豪蛮的秦始皇。皇帝若是要你去，那你自是去定了的。成亲不过三日，他便被抓走。那一日，她却无泪流，因她内心有希望。她知道这只是命中注定的劫难，她亦坚信，一切都会过去，都会好起来。乐莫乐兮新相知，悲莫悲兮生别离。岂料这一去，竟是后会无期，应了心底那个不祥的谶。

一年之后，她觉得自己就要枯萎了。心里的流水缓缓漫过身体泄了出来，她等不及了。她在梦里说他说，妾身这是奔着命去的。你若是要我死，怕是我便不会不随着你去了。她连夜缝制了几件寒衣。辞别父母，一路往北。纵使山高水深，她亦铁了心要攀过山、渡去岸。不见夫君不回头的决心是归省也是绝地逢生的最后希望。

爱情总要零落，不与心意死，也同生命亡。她那不安的心时刻不得安分，阵痛在身体里，纠结反复。她是一刻也等不得，几经风雨摧残，早是遍体鳞伤。不为别的，她只是要自己的那一些无着落的记挂、辗转有个落定的地方。这一些苦，她吃得。

只是她高估了自己，她以为自己是担当起的。当她被告知范喜良早已累死在长城墙上，她还是被窃了心神，失了控，翻江倒海的痛将她袭倒在地。爬不起。花颤落，瞬时娟华不再。她就这样失了他，来不及山盟海誓，就已心意成空。得而复失不如不得。她不知，这祸乱时期的爱情谁在掂量。命比草贱，爱比纸薄。

他死了。范喜良，她这一世的爱之所系早逝英年。旧时女子若得真情已是造化，他对她那执手相望的深情仍在眉目间流转，她分明知道这一段情分是铭心的，却料不到丢得这样匆急。

瞬时，云光暗却，风声大振，她跪倒在地，仰面痛哭。那声音凄厉、凶猛、不决断。是人间的，亦如天上的。是泣声，亦如风声、雷声、山崩声、地裂声、海浪声、死亡声。

果真。天地为之悲恸。秋风悲号，海水扬波，长城墙倒。声声血泪声声唤，天也昏来地也暗。哭倒长城八百里，只见白骨满青山。历史是鲜血和白骨垒堆而成，陪葬的是女人，女人的艰苦、悲绝和女人心。后来秦始皇闻说孟姜女哭倒长城的事，便怒从中来，决计要见识此让天地为之所动的奇女子。岂料，只她抬眸一瞬，他便被摄住。

那是怎样一种悲绝的眼神。苦是河流，湮没了她瘦骨嶙峋的肉体。灵魂却未曾灰暗分毫，那眼神里的笃定和坚决如同歌唱如同舞蹈，这是只有孟姜女才能有的苍凉的妩媚。

他爱上她，确信无疑。他要得到她，确信无疑。还有哪个女子比得过面前这一颗赤诚热烈纯洁如玉的痴心。他是好斗的，他堂堂国之君主决计不愿败在死去的人手下。

但他不知，这场战役，尚未开始，便已结束。她的贞烈淡静非是他嗜血成性的暴虐所能了解的温柔。她说，若要从了你，你得依妾身三件事。莫说三件，就是百件千件我也依了你。你一为我亡夫立碑修墓檀木棺椁装殓。你二要为我亡夫披麻戴孝打幡抱罐携百官送葬。第三件，陪我去看海。

是，她要去看海。若是这人间还有清净地，那么只此一处了。它辽远、空狂、宁寂，自由壮阔。它既是生之希望，它是她最后可以去的地方。他万万想不到，她是要用自己的死戳进他的心里，让他的罪孽生生世世不得救赎。她在诅咒他。她纵身一跃，万千花影碎化散开，余下千树万树的婆娑悲戚。无声无迹。

生命面前。他的爱不足挂齿。孟姜女只有一个范喜良。女子贞烈起来即是万骨枯的决绝。永不回头。姜女庙前有一副对联，吟来如春风盈口，意如天心。仿佛能望得到孟姜女一袭白裳矗立在长城上，举目望沧海。

海水朝朝朝朝朝朝落，
浮云长长长长长长长消。

07 | 天地合

[虞姬，项羽]

上邪！我欲与君相知，长命无绝衰。
山无陵，江水为竭，冬雷震震，
夏雨雪，天地合，乃敢与君绝！

西汉乐府《饶歌》之《上邪》。读时，有凉薄之气从顶灌下，几近窒息。内心与之相对的是一种凄绝的幻灭感。令人伤感。而眼前是一帧鲜红画面。

有女子，立在高处，俯身看遍人间的爱恨。然后内心默然，指天立誓。她愿与你相爱，且誓让那爱永不绝衰。除非那万丈高山夷为平地，除非那浩渺江海干涸见底，除非冬日里惊雷不绝，除非夏日里皓雪不止。除非，天不是天，地不是地，天地再重合时，她方才敢予你一个"绝"字斩断恩情。

这一幕是童话，是传说，是寓言。为爱痴绝，至死方休。女人在爱情里的那种不撞南墙心不死的决心亦是一种霸气。与七尺男儿热血沙场的豪迈别无两异。

女人大多数都是爱情动物，自古即是如此。所以有了这《上邪》里指天为誓至死不渝的女子。而这所有的古典爱情往事里，先有惊天地泣鬼神的孟姜女哭倒长城八百里，后有那闻之即怆然的霸王别姬。

两回悲极的爱情里隐藏是同一种动人心腑的道理。那是一种爱到死也不罢休的孤绝的勇气。不管天下，唯爱而已。孟姜女是神话，夸张成分居多，让人感动有余回味不足。相比之下，虞姬的爱之决然有一种血肉清晰可感可触的真实。

听人说戏说到虞姬与项羽，心里自有一种吟《上邪》时的千回百转、揪心难忍。所以，引《上邪》来映衬虞姬的那决绝的一刎是再合适不过的。

遗恨江东应未消，芳魂零乱任风飘。
八千子弟同归汉，不负君恩是楚腰。

　　这是清诗人何溥的《虞美人》。诉她一生匆匆草草。楚腰是虞姬，世人都记得她与项羽那一段动人凄切的花下流年。她的爱与生命一直遵循的都是一种动荡的秩序。总惹人不自觉便去一再回顾那一段风都带着血腥的残酷时光。她立于他的身旁，举目四望，天下皆茫然，别无安身时。世间草木都见到，她在用爱包裹他。

　　她跟随他东征西讨，日日难安。这是她从他的爱中所能获得的。爱如灾难，她竭尽力气一点点熬度过去。那时，她总是随他住在军队的营寨里，日日见狼烟四起，夜夜闻鼓角争鸣。

　　仿佛她是这满目山川里唯一的一点人性温柔。她伴他左右，无作为，却已令她觉得欣足。活在这世上，她要的并不多，也就只是这一点，朝夕相处的温柔。

　　公元前 203 年，楚汉之争最关键的一年。是年四月，楚军因粮尽，被迫与刘邦订立和约"中分天下"。九月，项羽遵约东撤，刘邦亦欲西返。但不料刘邦背约，先后两次追击楚军。次年五月，刘邦调集四十万大军将十万楚军围困于垓下。

　　这一处，听得京剧《霸王别姬》一段好词。幽柔婉转当中竟藏匿一笔诡谲与刚烈。是虞姬在唱："看大王在帐中和衣睡稳，我这里出帐去且散愁心。轻移步走向前荒郊站定，猛抬头见碧落月色清明。"又叹："云敛清空，冰轮乍涌，好一派清秋光景。"

于此，楚歌四起，听得众将士哭声翻涌。入了她的心，搅得她心魂蹉跎难定。她道："月色虽好，只是四野皆是悲愁之声，令人可惨。只因秦王无道，以致兵戈四起，群雄逐鹿，涂炭生灵，使那些无罪黎民，远别爹娘，抛妻弃子，怎地叫人不恨。正是千古英雄争何事，赢得沙场战俘寒。"

《史记·项羽本纪》载："项王军壁垓下，兵少食尽，汉军及诸侯兵围之数重。夜闻汉军四面皆楚歌，项王乃大惊，曰：'汉皆已得楚乎？是何楚人之多也。'"汉军抵楚营，楚歌四起，以致楚军误以为刘邦攻至楚地，军心瓦解。项羽兵败。

兵败也是可预料的。因那楚歌里唱的是："家中撇得双亲在，朝朝暮暮盼儿归。田园将芜胡不归，千里从军为了谁！沙场壮士轻生死，十年征战几人回！"字字钻进楚军心腑。刘邦是用尽了心计要亡项羽的。他制造的楚歌是"巫蛊"。扯动了楚军将士心头最柔软的顾及。将项羽的将士君心荼毒至毫无保留。但闻四面楚歌声，声声蚀骨。

一切都被项羽看在眼里、痛进心里。四下惨然，唯有虞姬和骓马。唐人胡曾诗："拔山力尽霸图隳，倚剑空歌不逝骓。明月满营天似水，那堪回首别虞姬。"是夜，"项王则夜起，饮帐中……悲歌慷慨，自为诗曰：'力拔山兮气盖世，时不利兮骓不逝。骓不逝兮可奈何，虞兮虞兮奈若何？'歌数阕，美人和之。项王泣数行下，左右皆泣，莫能仰视"。

感天动地一首《垓下歌》，悲戚、绝望、苦楚。美人听到的亦已不是风花雪月、鲜衣怒马，是誓言尽头的古木凋零。她和了一支歌，歌声好凄彻。"汉兵已略地，四方楚歌声。大王意气尽，贱妾何聊生。"

若深情即是一桩悲剧，必当以死来句读。她以痴绝的爱来回应他。歌毕，她神色忽从悲绝入静定，面向他轻声道："大王慷慨悲歌，使人泪下。待妾妃歌舞一回，聊以解忧如何？"

他时时都能将她看透彻。单单这一刻，她在他的眼里变得情意深重难测，他猛然心慌意乱不知她舞意为何。只见她身轻如燕、气静如烟，舞若盈盈流水。她这一世，落到最后也就只剩这一支舞可以给他了。她生来是单薄女子，终其一生，所做下的事情也不过莺歌燕舞悦他心目。但这已是她爱的全部，毫无保留。

曹雪芹写《虞姬》道："肠断乌骓夜啸风，虞兮幽恨对重瞳。黥彭甘受他年醢，饮剑何如楚帐中。"正是此时凄美风景，阑珊心意。

当汉军杀将进来时，她舞至他的身旁，抽出他腰间宝剑，横刀一刎。大势已去，她亦是看得到结局的。但她仍是立定了心意弃他离去免他牵挂，如此，许他还能有渺茫生机。待他反应过来，只有腰间抽空的剑鞘，和她羸弱的身体下蔓开的红色莲花。

她是要以死来换他生。她却不知，她若离去，他也必将雄心匿萎。一个女人对一个男人，有时朝夕的爱情，有时却是生死不离的运命。她撒手人寰，他顿挫在她身体下的血泊里丢失了最后一点持守。

他那乌江突围的壮烈姿势怕也只是他料想好了的回光返照。她给予他一支舞，他追送她一场刀光剑影亮烈至极的厮杀。他得她温柔，换一回末世的潇洒。"天之亡我，我何渡为！且籍与江东子弟八千人渡江而西，今无一人还，纵江东父兄怜而王我，我何面目见之？纵彼不言，籍独不愧于心乎？"语毕，自刎而亡。

宋人李冠有词《六州歌头·项羽庙》，璇玑字字道破他一生流离颠簸：

> 秦亡草昧，刘、项起吞并。
> 鞭寰宇，驱龙虎，扫欃枪，斩长鲸。
> 血染中原战，视余、耳，皆鹰犬，平祸乱，归炎汉，势奔倾。
> 兵散月明。风急旌旗乱，刁斗三更。
> 共虞姬相对，泣听楚歌声，玉帐魂惊。

泪盈盈。念花无主，凝愁苦，挥雪刃，掩泉扃。

时不利，骓不逝，困阴陵，叱追兵。

呜咽摧天地，望归路，忍偷生！

功盖世，何处见遗灵？

江静水寒烟冷，波纹细、古木凋零。

遣行人到此，追念益伤情，胜负难凭！

　　楚霸王。虞美人。经典的人连诀别和死亡都演绎得如此荡气回肠、动人心魄。此情可待成追忆，只是当时已惘然。这女子留给男人的感情，是无念，是爱至死不休。这男人留给历史的，是遗憾，是枭雄成不朽。

　　你不知，这场爱情戏并未结束。它应该是以后世诗意的幻想来延展出另一副模样做收梢。他们大概定有下一世。

　　英雄美人的爱情，总是要壮烈要牺牲，才能让追忆的后生人内心知觉到一种爱的极致悲壮。他是楚霸王，生是人杰，死亦鬼雄，是大英雄。虞姬美极，沉鱼落雁，闭月羞花，倾国倾城，人人都唤她虞美人，是大美人。

　　这样的两个人，庄重地立在历史长河当中，分明就是注定要演绎一场了却凡夫俗子未敢身历却时时要幻想的生死绝恋的。

故事发生的时候没有人在场，追忆它的时候总有东西会被杜撰。但是无碍，因这一些杜撰都能使它凄伤至极，更加绝望也更加美。美到世人都不能忘却那场叫作《霸王别姬》的戏。

08 | 芙蓉旧

[陈阿娇，汉武帝]

汉帝宠阿娇，贮之黄金屋。咳唾落九天，随风生珠玉。
宠极爱还歇，妒深情却疏。长门一步地，不肯暂回车。
雨落不上天，水覆难再收。君情与妾意，各自东西流。
昔日芙蓉花，今成断根草。以色事他人，能得几时好。

是为李白《妾薄命》诗。

妾薄命。单单将这三个字吟在口中，就自有一种酸楚涌上喉
头。她爱他，比生命的时间长。他舍弃她，比转身的时间短。就是
这样一种如鲠在喉的凄痛，印着历史里她与他纠缠不休的爱，将
李白触动。

他豪饮三碗酒，挥笔落下一首《妾薄命》。为她感慨为她叹。《妾薄命》为乐府古题，李白这首诗"依题立义"，表达的是一种悲悯，悲悯当中又有一种启示。他说，以色事他人，能得几时好。女子，若只以色事人，总逃脱不了色衰而爱弛的悲惨终局。那是一种明日黄花蝶也愁的哀伤，令人心碎、悲绝、无言对。

她出生于西汉帝室贵胄陈氏家族，小名曰阿娇。世人喜称之"陈阿娇"。父亲是世袭堂邑侯陈午，乃汉朝开国功勋贵族之家。母亲是汉景帝唯一同母之姊馆陶长公主刘嫖。汉文帝是她的外公，汉孝文皇后窦氏是她外婆，汉景帝是她舅舅。而他，刘彻，后来的汉武大帝，则是她血脉相通的表弟。

于是，你知道，她与他天然即是亲密无间的。那是一种血浓于水的吸引，又饱含一种柔婉的风情。汉帝宠阿娇，贮之黄金屋。他与她初见那一回便荡起"金屋藏娇"的佳话。

坊间野史《汉武故事》曰：

帝以乙酉年七月七日生于猗兰殿。年四岁，立为胶东王。数岁，长公主嫖抱置膝上，问曰："儿欲得妇不？"胶东王曰："欲得妇。"长主指左右长御百余人，皆云不用。末指其女问曰："阿娇好不？"于是乃笑对曰："好！若得阿娇作妇，当做金屋贮之也。'"

她与他的感情，从初见那一回就比旁的表姐弟要妖娆繁艳。他，刘彻的母亲本只是汉景帝后宫女子无甚作为的美人，她虽工于心计，却不得要害。但是这一回，她得了要领。

刘嫖欲将女儿嫁与太子刘荣，遭其生母栗姬无理拒绝，心怀怨恨，便一心废太子。王娡听闻消息之后便常常拜访刘嫖拉拢关系，想借馆陶长公主刘嫖之手扳倒栗姬，册立自己的儿子刘彻为太子。

那一日，刘彻随母亲王娡来她家中做客。坐定之后，刘嫖便抱住刘彻问他将来娶妻之事。年幼的他或许已被母亲训导，略过众多女子直指陈阿娇。他说，若是能娶阿娇为妻，定要为其筑金屋珍护。这话是否真心都不重要，重要的是他因此得到了刘嫖的认可。

年少的他，即便在工于心计的母亲训导之下成长，亦定当有纯真。他既能说得出这番话，势必心里也是对她有爱慕的，毕竟豆蔻年纪的陈阿娇已经长成婉丽端庄的好女子。抑或，他就是肺腑之言。他就是喜爱着这小女子的。他就是想筑起金屋藏起这娇俏的姑娘，细致地爱。

后来，刘嫖、王娡一切得偿所愿。前者成功用计将太子废除，后者成功借刘嫖之手立自己的儿子刘彻为太子。彼时，他只有七岁。待他十六岁登基时，在侧美人正是陈阿娇。他对她，诺言在先，情意在后。但亦是琴瑟和谐一对璧人，酿就这一段金屋藏娇的佳话。

汉武帝是爱过陈阿娇的。不然他不会娇宠她的任性那么多年。但后来不爱了。她太任性，出身显贵，自幼荣宠至极，难免娇骄率真，不懂得逢迎屈就。加上又多年无孕。这一切都落到她的头上，她却依然有恃无恐。她单纯的心智令她失去抓牢一个男人的本事。更何况，他是君王。

那名叫作卫子夫的端丽女子，不知何时，已悄悄住进他的心里。他哪里需要说明，他只要去爱，爱他所爱就好。他顾不得她了。陈阿娇输给了他年少时给予自己的信誓旦旦的爱情。她，太单纯。单纯的女人在后宫是生存不下去的。即使你已是一人之下万人之上。

她终于被冷落，一日，两日，三日，爱情夭折，再无起色。后来，她又遭遇"巫蛊"一事，爱终成死灰不复燃。巫蛊，自古即是宫廷大忌。她是被人栽赃陷害落井下石了。但这已不重要，重要的是，至此，她彻彻底底地失去了他。

元光五年，二十七岁的汉武帝以"巫蛊"罪名颁下诏书："皇后失序，惑于巫祝，不可以承天命。其上玺绶，罢退居长门宫。"汉武帝将陈阿娇陈皇后幽闭于长门宫内，金屋崩塌，恩情皆负。

　　她当初绝不会想到自己会有被弃的这一日。若是可以预料得到，她定然不会娇蛮任性了吧。她一定会收起浮躁心气，一心一意地侍奉他，腾出来的心思都用来护守这份感情，禁止任何的女人掺入。但是她既无歹毒心肠，也无秀慧的素质。她只是知道蛮横地爱，却全然没有章法。

　　她不是就此放弃了。她依然在努力，试图跃进深渊里，打捞起零星爱晖。她还是放不下这个男人的。她依然念念不忘那些金屋相守至死不渝的过往。

　　此时，一旁的馆陶长公主，也就是陈阿娇陈皇后的母亲，一切都被她看在眼里。她当然是心疼的。她一心策划的这场大戏终局竟以自己的女儿被皇帝打入冷宫惨淡收场。她不可能坐视不理。于是，她花千金令司马相如为女儿作下一篇《长门赋》予汉武帝以诉女儿相思苦心。

　　"夫何一佳人兮，步逍遥以自虞。魂逾佚而不反兮，形枯槁而独居。言我朝往而暮来兮，饮食乐而忘人。心慊移而不省故兮，交得意而相亲。"《长门赋》字字情切肺腑，点滴化成相思泪。淌出指尖，却再入不了他的心田。后人以《长门赋》之思为曲意，作了一首流传至今的哀愁百转的琴曲，《长门怨》。以哀念这个叫作陈阿娇的女子。

自从分别后，每日双泪流；泪水流不尽，流出许多愁。

愁在春日里，好景不常有；愁在秋日里，落花逐水流。

当年金屋在，已成空悠悠；只见新人笑，不见旧人愁。

朝闻机杼声，暮见西山后；惟怨方寸地，哪得竟自由。

青丝已成灰，泪作汪洋流；愿得千杯饮，一枕黄粱游。

可怜桃花面，日日见消瘦；玉肤不禁衣，冰肌寒风透。

粉腮贴黄旧，蛾眉苦常敛；芳心哭欲碎，肝肠断如朽。

犹记月下盟，不见红舞袖；未闻楚歌声，何忍长泪流。

心常含君王，龙体安康否；夜宴莫常开，豪饮当热酒。

婀娜有时尽，甘泉锁新秀；素颜亦尽欢，君王带笑看。

三千怯风流，明朝怨白首；回眸百媚休，独上长门楼。

轮回应有时，恨叫无情咒；妾身汉武帝，君为女儿羞。

彼时再藏娇，长门不复留；六宫粉黛弃，三生望情楼。

　　爱时，汹涌如沧海。不爱时，比深谷死寂。他后来竟再不愿看她一眼，直到她孤老到死。他的爱竟是如此可惧。那么，来生，孤独至死的她，还会再爱吗？

　　她去时，他已忘却，她也曾笑意微微、如月低垂。

09 | 缠舞

[卫子夫，汉武帝]

昨夜风开露井桃，未央前殿月轮高。

平阳歌舞新承宠，帘外春寒赐锦袍。

此诗是王昌龄的《春宫曲》。王昌龄素有"七绝圣手"之美誉。
他的七绝写得好，这首《春宫曲》与他众多出色的七绝边塞诗相比，
虽气韵迥异，却同样有一种辽远意境。这意境自不在山川大河的
豪迈景致当中，它存在于"宫人"的心坎当中。

这宫人是失了宠的，但她并无哀怨绵绵，只是清净地退出身子
来观望与己无关的明月高照。彼时，唐玄宗娇宠杨贵妃荒废朝政。
王昌龄作此诗是想表达一种不满的。只是在这一处，他同时引来
汉武帝与陈阿娇、卫子夫的事，让人看的是另一番情致。

清人沈德潜的《唐诗别裁》论及此诗时，说它"只说他人之承宠，而己之失宠，悠然可会"。他立诗的角度是别出心裁的。王尧衢《古唐诗合解》云："不寒而寒，赐非所赐，失宠者思得宠者之荣，而愈加愁恨，故有此词也。"

陈阿娇失了宠，正如因杨贵妃而失宠的那个天下。天下人看杨贵妃，犹如陈阿娇望着婉转承欢的她。落寞到灵魂里去，而那美人正是，卫子夫。

在她不曾遇到他之前，她不过只是平阳府里豢养的一名歌女。没有人会珍视她。她不过只是被人观赏的赏心悦目的玩物。她美，但那美，彼时却美得毫无生色。因她的独自，生活是毫无生色。木讷、乏味、茫然，剩余的是惆怅。寄人篱下的彷徨。她的情状大约正如王昌龄的七绝诗一般"深情幽怨，意旨微茫，令人测之无端，玩之不尽"。

这样的女子落在女人堆里想必不是一眼就能出众的。但若是多些时辰相处，她势必又是卓尔不群的那一个。她似乎注定是要耀目的，亦要历经磨难和惶惑的。历史会宠眷她。

那时，陈阿娇，也就是陈皇后十一年无孕，这令汉武帝不得不再甄选妃子承继子嗣。于是，在这样的形势下，各地都开始甄选美女储备。汉武帝同胞长姊平阳公主听闻兄弟选妃之事便将邻近大户家的美女子都收买来，豢养家中，供汉武帝挑选。

那日，汉武帝在霸上祭扫后来到平阳侯曹寿家中。曹寿是平阳公主的夫君，平阳公主本叫阳信公主，因嫁与开国功臣曹参之曾孙平阳侯曹寿才改称平阳公主。

她见汉武帝至家中，便将之前养下的女子打扮好，然后叫至汉武帝面前，让他挑。但是这一些女子，个个媚色妖娆，与后宫里的妃嫔毫无差异。他看惯了这一些张扬的美、妖媚的丽。所以心里难免有厌倦。

也罢。他说，不如先与亲姊畅饮两杯再论甄妃事宜。她被平阳公主安排与其他歌女一起为他们的席宴歌舞助兴。曼妙少女群起而舞，霓裳摩挲，声色蹁跹。看过去，这一群女子仿佛个个都是得了仙气的人儿，轻盈如履浮云，婉丽如拾百花。

有多少种相思，就有多少种相遇。

他与她，是无心插柳柳成荫。

一舞，再舞。他终于穿过人群望见了她。她的眉梢平顺如男子，却有惆怅攀沿其上。他一眼就看到了她的与众不同，那是一种女人心里最独特的哀愁。她因这疏冷的哀愁变得独特，变得美极，变得清丽不可方物。他邀她上前，执过她的手，此一刻方才能够细致凝视她的眉眼。如水，如画，如诗，如花。

他喜欢她。这个哀愁美如纱的女子。后来，平阳公主便让她随汉武帝一起进了宫。宫门一入深似海，人间都是陌生人。虽然他在她心底是大山大河，巍峨肃穆，但她能够倾注的爱本应止于宫门外，她想的不是被宠幸被封妃，她要的是如果。如果他是寻常男子，如果他能带给她粗茶淡饭的人间烟火。

但是她是不能自主的。伴君如伴虎，她当然懂得这道理。只是她尚年轻，尚不懂得运筹帷幄使尽美人心计。建元二年，她入宫，初封为夫人。但不久便遭陈皇后妒忌，被贬为宫女。不过一年时间，她就历尽深宫女子的磨难，在暗中奋力生活。这一段时间，她竟再没有见他一回。

这不是她要的爱。她这一生是否就将如此度日如年蹉跎殆尽。她惶恐惊错内心充满不安。陌上花开歌缓缓，她以为她再也等不到他了。岂料，建元三年，后宫整顿，大批妃嫔、宫女被遣返民间。那次，她便躲在角落候着他。她是内心横绝了希望才敢做出此等荒唐莽撞的事情的。

既然他已不爱，她又有什么理由留在这座暗无天日的城池里。与其耗尽自己的血肉，不如赌一回命换一回自由。她把自己当作刃上的孤花，誓死要绽放最后的一点芳华。她能为自己所做的也只有这一点拼赌了。

她跪倒在地哀求出宫的苦楚模样令他突然之间心生恻隐。他永远不会知她初入宫时被加害的辛酸。她被贬宫女时，他亦不曾将内心的信任做多一点坚持。他拂袖而去的冷漠早被自己遗忘。仿佛这一时，他们是柳荫下初相见。美人何处是归程，她再一次被他记起，然后放在了心上。是幸，还是不幸。她不知。

她亦不知，他对她是真的有着念念不忘。她那一日的舞，依旧落在他的心上。命数是变幻莫测。时有清晴时有晦暗。她命中有光，一不小心她又成了他的宝。而这一日相见，何止是暌违经年。

是，她没有得到自由。她只是用一次绝望的匍匐在地换得了又一次危机重重的禁围。但是经过了几多是非，她也终于得到一些领悟。她不得不对自己、对他、对生机、对未来做出掂量和撑护。她一夜之间，又变得风华难挡。蔼蔼凝春态，溶溶媚晓光。元朔元年，她竟又第一个为汉武帝产下一子，遂立为太子，她亦成为汉武帝的第二个皇后。

偶得一首小诗，题曰《卫子夫》。"武帝言幸平阳家，卫氏小女貌如花。一朝凤袍如衣着，三十八年苦为家。"她这皇后，一当就是三十八年。成为历史上在位时间仅次于明神宗王皇后的第二人。那时候，民间亦因卫子夫一夜枝上变凤凰的事传开一句歌谣："生男无喜，生女无怒，独不见卫子夫霸天下！"她不单是成就了自己的下半世称首后宫，也令家族门楣荣耀，荣光万分。

《史记·外戚世家》记道：

> 卫子夫已立为皇后，先是卫长君死，乃以卫青为将军，击胡有功，封为长平侯。青三子在襁褓中，皆封为列侯。及卫皇后所谓姊卫少儿，少儿生子霍去病，以军功封冠军侯，号骠骑将军。青号大将军。立卫皇后子据为太子。卫氏枝属以军功起家，五人为侯……卫子夫立为皇后，后弟卫青字仲卿，以大将军封为长平侯。四子，长子伉为侯世子，侯世子常侍中，贵幸。其三弟皆封为侯，各千三百户，一曰阴安侯，一二曰发干侯，三曰宜春侯，贵震天下。

一年两年三四年。五年六年七八年。彼时没有人会料到数年之后，她会不在，他会离开。这世上，会只剩下一对明明灭灭的红灯笼风中摇摆。

征和二年，她做这皇后已经三十八年。宫里再起巫蛊祸事。彼一时，陈皇后被落井下石。此一刻，她亦没有能幸免于难。这是一个晦暗的轮回。做他的皇后，怕是都会遭上这个劫。逃脱不掉的难。是那叫江充和苏文的两个佞臣造的蛊，害了她，也害了他，害了几世的枭雄。

《汉书·外戚传》载到"卫后立三十八年，遭巫蛊事起，江充为奸，太子惧不能自明，遂与皇后共诛充，发兵，兵败，太子亡走。诏遣宗正刘长乐、执金吾刘敢奉策收皇后玺绶，自杀。"虽最终江充被灭族，苏文被处以火刑，真相大白于天下，但他再也追不回落进黄泉不能回的卫子夫。

历史不决断，血脉难隔灭。那一场祸事，她的曾孙因巫蛊之乱时尚是襁褓中的婴儿而幸免于难，是唯一生者。他便是刘病已。后来的汉宣帝。刘病已继位后，为卫子夫改了葬，并追谥号曰"思"。

史称，孝武卫思后。

10 | 凤与凰

[卓文君，司马相如]

一朝将聘茂陵女，文君因赠白头吟。

东流不作西归水，落花辞条羞故林。

李白也曾作《白头吟》。他说，两草犹一心，人心不如草。他说，古来得意不相负，只今惟见青陵台。他吟的不是一种佳喜，是一种慨叹。情如诗，千回百转，不言地久和天长，却道是故人心易变。

卓文君与司马相如这对璧人虽身后留得好声名，但也始终掩盖不了那风月日里曾有瑕疵入心，硌得人心疼。李白这首词难得作得柔情，情意兜兜转转，念出来的是伤感。卓文君与司马相如的那一幕戏也一段一段从李白的诗句当中映出来，浮上水面来。

凤兮凤兮归故乡，遨游四海求其凰。亲爱的你，可知我已心许你幽目苍眉。他登场时，已是身披倦怠如绒的历史。他叫司马相如，他是潦倒书生。

曾经，他也有过舒畅的生活。简单，博雅，处处是声色。他本是蜀郡成都人，后游历至长安。彼时，汉景帝即位不久，长安城里一篇抖擞风华。司马相如到长安之后便遇到内蕴深广亦慧眼识珠的梁王。遇到梁王，使他单薄如纸的生活得到日照。

当时名重一时的辞赋大家梁王赏识司马相如的才华，司马相如亦是百般倾慕梁王流转练达的不凡气宇，于是他追随梁王而去。他们是知音。隔世相见依旧如故。后来，梁王赠他一把叫作"绿绮"的琴，上篆"桐梓合精"四字。他正是用这把绿绮琴弹了一曲《凤求凰》，启开千古佳话的序章。

后来，梁王去世，司马相如辞官返故乡成都。他家境本贫寒，于是他无奈之下欲投奔临邛县令王吉。王吉仰慕其才名，对他十分敬重。后来当地首富卓王孙闻讯便备宴款待两人。正是这一回，他见了她，那个名叫卓文君的绮丽女子。她仿若是神话，得以被他遇见。续写上一段永无终结的传奇。

那一日。他在卓府宴饮，她躲在帘后隔空作知音。她对他匆匆一瞥，假装不见，却泄露了那"芙蓉如面柳如眉"的婉媚清美。

席间，他抚绿绮琴，一曲《凤求凰》汩汩淌开。

那曲子里溢出来的情意真诚又清澈。她仿佛从那琴音当中看见他繁华一转身的背后遗下的销魂蚀骨的孤独。而那孤独里又满是春光暖暖的风景。那是他爱了她，那只余惊鸿一瞥的繁艳予他的女子。他在对她示爱，在追慕她。

> 凤兮凤兮归故乡，遨游四海求其凰。
> 时未遇兮无所将，何悟今兮升斯堂！
> 有艳淑女在闺房，室迩人遐毒我肠。
> 何缘交颈为鸳鸯，胡颉颃兮共翱翔！
> 皇兮皇兮从我栖，得托孳尾永为妃。
> 交情通意心和谐，中夜相从知者谁？
> 双翼俱起翻高飞，无感我思使余悲。

相遇是缘，相思渐缠，相见却难。山高路远，唯有千里共婵娟。因不满，鸳梦成空泛，故摄形相，托鸿雁，快捎传。喜开封，捧玉照，细端详，但见樱唇红，柳眉黛，星眸水汪汪，情深意更长。无限爱慕怎生诉？款款东南望，一曲凤求凰。

帘后。她颤颤不知所措，只因那曲子声声都映了她的心。卓文君貌美有才气，善鼓琴，深懂琴理。她听得懂他，那懂得里是满心感动。那感动盘桓心头，久不散去。是否，这才是她要的男人。

深情款款，才华横溢，器宇不凡。他为她痴，她势必也会终因他盲。爱情就在一瞬间发生，并且无止尽。波涛汹涌。那一头，她的心上，唯有一树蔷薇盛放。

事后，他给她写信，诉说衷情。她自知自己不过是新寡家居的女子，内心卑弱。如此盛情，她难却。辗转反侧夜不能寐，思量来思量去，她猛然于月辉落上发梢时做出决定，她要追随他。新婚亡夫得见他的风仪，幸又得他青眼有加。她失去理由沉默。她认定他即是自己的救赎，她定要应声寻去。

于是，那一夜，卓文君夜奔司马相如。彼时，梁王已死，司马相如生活拮据。并非琴书雅集、诗酒逍遥。她与他返回他的成都老家，开始了清贫的生活。这是她的甘愿，且有无限春意在心头，无半点不悦。但对穷困的隐忍都终抵不过时间消磨。最终，一双人无奈重返临邛。

这一回，她放下了小女子的矜持柔婉，变得机智果敢。她拿了主意，抛下小姐身段，要当垆卖酒，不卑不亢。她令他也跑堂端酒。这一切她都是做给父亲看的，她是想用激将法令父亲接纳自己和司马相如的这一段感情。她是被迫无奈，当垆卖酒只为情。

一切都在她的意料当中，卓王孙终于按捺不住，深觉卓文君丢尽他的脸面。于是在旁人劝说之下，送给了二人财物，又给二人分家赀奴仆。至此，卓文君逼迫父与自己讲和，无奈之下，卓王孙也只能接纳了女儿别嫁司马相如的事实。这双人的生活也开始有了起色。司马相如的气运亦得到逆转。

彼时，正值汉武帝即位。汉武帝对司马相如早年追随梁王时所写的《子虚赋》赞赏有加，惊为天人。后经狗监杨得意推荐，司马相如被召京师面圣。这件事《史记·司马相如列传》记载道：

> 蜀人杨得意为狗监，侍上。上读《子虚赋》而善之，曰："朕独不得与此人同时哉！"得意曰："臣邑人司马相如自言为此赋。"上惊，乃召问相如。

司马相如进京献上《上林赋》，盛撰汉天子上林苑的壮丽及汉天子。《上林赋》因大气华美，深得君心。于是，好大喜功的汉武帝拜司马相如为郎官，后来又再拜为中郎将。于是至此，司马相如得了大道荣归。他在长安踌躇满志，她却在成都独守空帏。

可惜此时的司马相如依旧没有逃脱男儿多薄幸的谶。盛名在外，投怀送抱的妖媚女子不少。这之于奔波在外内心劳碌的他来说，是不小的诱惑。但他内心只是踌躇，他并无弃她不顾之心。所以他来讯她意见，说有纳茂陵女子为妾的心思。他这一处的寡情只是蜻蜓点水地匆匆过场。也就不惊心，亦没有动魄的干戈。因他始终对她爱至刻骨。他只是来问。

但他这一问，将她伤得灰飞烟灭。她猛然之间看见内心的壮丽城池轰然倒塌。那是她原本最大的指望。他这一点点的背叛令她顿觉天昏地暗，满目凄凉。这一个她夜奔投靠的男人，却说着想娶别的女子的话。他，是要将她毁灭吗？

她端目凝视他那一封十三字信"一二三四五六七八九十百千万"，独独少了一个"亿"字。她如此聪慧明朗，哪里会不晓得意思。她能做出的回应，唯有含泪颤颤执笔书，写下痴绝字句换一场肝肠寸断。

> 一别之后，二地相悬。
> 只说三四月，又谁知五六年。
> 七弦琴无心弹，八行字无可传，
> 九连环从中折断，十里长亭望眼欲穿。
> 百思念，千系念，万般无奈把郎怨。
> 万语千言说不完，百无聊赖十依栏。
> 九重九登高看孤雁，八月仲秋月圆人不圆。
> 七月半秉烛烧香问苍天，六月伏天人人摇扇我心寒。
> 五月石榴似火红，偏遇阵阵冷雨浇花端。
> 四月枇杷未黄，我欲对镜心意乱。
> 忽匆匆，三月桃花随水转，飘零零，二月风筝线儿断。
> 噫，郎呀郎，巴不得下一世，你为女来我做男。

是为《怨郎诗》。又作《白头吟》：

> 皑如山上雪，皎若云间月。
> 闻君有两意，故来相决绝。
> 今日斗酒会，明旦沟水头。
> 躞蹀御沟上，沟水东西流。
> 凄凄重凄凄，嫁娶不须啼。
> 愿得一心人，白首不相离。
> 竹竿何袅袅，鱼尾何簁簁。
> 男儿重意气，何用钱刀为？

并随诗附《诀别书》呈递司马相如，曰：

> 春华竞芳，五色凌素，
> 琴尚在御，而新声代故！
> 锦水有鸳，汉宫有水，
> 彼物而新，嗟世之人兮，瞀于淫而不悟！
> 朱弦断，明镜缺，朝露晞，
> 芳时歇，白头吟，伤离别，
> 努力加餐勿念妾，锦水汤汤，与君长诀！

后来，司马相如得书信，阅毕，内心顿时情意翻涌，往昔佳人红袖添香时的温情再一次覆没了他疏离的心。再不提纳妾之事。

他到底还是爱她至深的，唯有这女子，能令他再三陷落。传说到了这里，也就差不多了。最终的一切是团和圆满，风清月朗。

四川邛崃文君井旁有一副对联，字字珠玑，陈述着那段流连又绵融的情事，纪念着那个明媚如蔷薇的女子。一切都周全。

君不见豪富王孙，货殖传中添得几行香史；

停车弄故迹，问何处美人芳草，空留断井斜阳；

天潢知己本难逢；

最堪怜，绿绮传情，白头兴怨。

我亦是倦游司马，临邛道上惹来多少闲愁；

把酒倚栏杆，叹当年名士风流，消尽茂林秋雨；

从古文章憎命达；

再休说，长门卖赋，封禅遗书。

山月不知心里事

11 | 结发

[公孙丑，苏武]

都说结发夫妻的情意是人间至深至重的一种。

人若有前世今生，那必定要花去几生几世的酝酿铺叙，方能修得一世同床共枕眠，结发为夫妻。这样的情意怎能不深、不重、不牵挂、不纠缠。

古时人们十分重视礼仪。男子二十弱冠之礼，女子十五及笄之礼，婚嫁之夕男女左右共髻束发之礼，都是十分重要的仪式。旧时女子订婚后便要将发绾成髻，待婚夜由新郎解下。《仪礼·士昏礼》载："主人入室，亲脱妇之缨。"即是此意。是为结发夫妻之始。

结发仪式亦有演变。宋人孟元老于《东京梦华录·娶妇》中记载："凡娶妇，男女对拜毕，就床，男左女右，留少头发，二家出匹缎、钗子、木梳、头须之类，谓之合髻。"讲的即是夫妻婚夜结发以誓同心。所谓"交丝结龙凤，镂彩结云霞，一寸同心缕，百年长命花"。虽是仪式，透着情长。

结发之义重，非两三言能诉。它不仅是古人的婚俗，更是夫妻信义，彼此忠贞的象征。在古诗词当中，结发也成为一种代替夫妻深重情意的意象，表达得简洁、更有力量。那一句承传千世的"结发为夫妻，恩爱两不疑"，几度柔断人肝肠。清辞温良，情词厚暖。总被人反复地提及。

结发为夫妻，恩爱两不疑。这是西汉名将苏武的《留别妻》诗的首两句。苏武本是汉武帝时中郎将。汉武帝元狩四年（公元前119年），在卫青、霍去病大败匈奴之后，匈奴撤退到大沙漠以北，与汉和好。但这安宁是表面，双方未交战的几年当中，匈奴一再请求议和，于是汉朝派出使者回访，却常常一去无归，被匈奴扣留。汉朝亦将部分匈奴使者扣留。

汉武帝天汉元年（公元前100年），匈奴再次提出议和，并释放汉朝被扣留使者以表诚意。于是，汉武帝再次派出议和使者，率使团出使匈奴。此人即是中郎将苏武。临行前，苏武作诗与妻道别，写下一首《留别妻》，感动千世后人。

结发为夫妻，恩爱两不疑。

欢娱在今夕，嬿婉及良时。

征夫怀远路，起视夜何其？

参辰皆已没，去去从此辞。

行役在战场，相见未有期。

握手一长叹，泪为生别滋。

努力爱春华，莫忘欢乐时。

生当复来归，死当长相思。

作下此诗时，苏武深觉男子大展宏图之时却留恋儿女情长并无光彩，自比"征夫"，处处淌露出对爱妻的不舍。只是心中感伤难奈。因那前路漫漫，杳杳无可预计。行役在战场，相见未有期。唯恐这一别，就是不见。那夜，他与她端坐房内，相看无语凝噎。

夜深时，她兀自走过窗台，依在帘旁。神情当中哀伤满满。每一回蹙眉、哀叹，都令苏武痛楚难当。这夜，处处都是凄婉，唯独当空一轮亮烈明月，折给夫妻二人一些明光。他们就这么沉默不语，兀自思想。他们深知，离了彼此，这日子，将过得清瘦至骨瘦嶙峋。

那首《留别妻》，是他含泪执笔摁进纸里的诗。字字都是绵长情意。他令世人明白男人的硬气当中亦有绵密的温柔百转。她自然也懂得他的心，于是这一夜，她与他在日月之下横下了决心，立下了誓言。誓言是开在舌尖的莲花，你我都应该对它持有饱满恒久的敬重之心。爱中人更当如此。

苏武的妻子亦是良人。相传她是公孙敖孀居的女儿，名叫公孙丑。她在他离去之后，手里紧紧握着他留下这一纸字墨。仿佛握着一段从容绵密刻骨铭心不能割舍的往事。就这样，她一天一天将日子过掉。清淡如水，唯有思念。铅华褪尽，孤灯映壁，她险些在寂寞当中溺死。她不知他这一去就是十九年，再相见已是一双白发人。

话说这一边，苏武也不曾料到自己一去不能回，独自甘苦十九年。苏武在带领使团来到匈奴之后，谈判本已顺畅，岂料半途出了意外。匈奴内部发生了谋反的事，而恰恰这事竟与苏武牵扯出了关联。苏武的副手张胜竟然参与其中。

匈奴单于有部下名曰卫律。卫律虽是匈奴人，却在汉朝长大。他亦曾是汉朝派往匈奴的使者，因匈奴单于器重，便节变，顺水推舟投靠了匈奴。卫律又有部下名曰虞常，虞常对卫律不满，便企图谋反。因苏武副手张胜与虞常是旧相识，感情甚笃，便参与协助谋反。但不料谋反不成，东窗事发，累及苏武。

单于得知此事之后本欲杀死苏武，但被手下及时劝阻。于是单于派卫律劝其归降。百般劝诱却毫无所得。苏武气节硬正，誓死不降。单于无奈，后来便将其囚禁于深窖中，不予水和食物逼其就范。死已无所惧，何况这区区禁圄。岂料，天降雪水，救了苏武一命。数日后，单于见苏武未死，以为神灵庇佑，便不再杀他。

最终单于将他发配到了北海（今贝加尔湖）荒凉处放牧羝羊。单于说，公羊产小羊时，方是你归汉之时。这是成心的刁难。匈奴人想活生生荒了他的一生一世。

为一句"屈节辱命，虽生，何面目以归汉"，他为大汉将一生赋予荒凉。旄节在手，万事无惧。人生不以贫穷论荒凉，但他的生已荒凉入里，虽他始终带希望。死亡并不绝望，绝望的独守日月举目空寂，唯有风吟、月明、花草交颈。如此，他亦无惧。

那一些年光，他是如何度过。她不知。那一些年光，他是如何将情赋日月花草虫鸣。她不知。

那一些年光，他是如何在念及她的时候，潸然痛绝。她亦不知。而那一头，她又是如何在希望与绝望的交迭折磨当中，倦怠形容，惨然过日。他也不知。

爱，是恩慈，是宽容，是退让，是绝地逢生、持守希望。人生如旅，深邃幽长。凭爱之信念，方能度悠悠漫长日。五年，十年，十五年。再四年。

万事都无可预计，看得到开始，猜不到结局。他的十九年寂寞得触目惊心。人都是可以变得隐忍到残忍的动物。他对理想、气节的操持，他们之间爱的关联，都是如此。

那一日，有人劝他，"陛下春秋高，法令亡常，大臣亡罪夷灭者数十家，安危不可知。子卿尚复谁为乎？"皇帝年事已高，法令时时都有可能变易，安危无可预料。守节为何？苏武答道："武父子亡功德，皆为陛下所成就，位列将，爵通侯，兄弟亲近，常愿肝脑涂地。今得杀身自效，虽蒙斧钺汤镬，诚甘乐之。臣事君，犹子事父也；子为父死，亡所恨。"

这是一个真正的男人从血液里带出来的正气。生命，以气支撑。他生得其所，知己内核，不求其他。后来，他听到大汉皇帝宾天的消息，终于内心崩垮，暗涌破心而出。男儿有泪不轻弹，只是未到伤心处。

后来，汉昭帝登位。始元六年（公元前 81 年）春。匈奴与汉再次达成协议，归放汉朝使者。汉昭帝初派去接回苏武的使者被骗，匈奴谎称苏武已死。苏武原本有一名随从名叫常惠，因苏武被发配北海而与苏武分离，此时闻听苏武死讯内心疑惑重重，于是他买通了一名匈奴人得到了真相。于是汉昭帝二次派遣使者迎回了苏武。

春日风月未眠去，儿女情长情亦短。苏武，终于回到了长安。

只是。她以为他离世，已别嫁作他人妇。而他，亦已白头，年也暮。虽朝廷封他为侯，赏赐千万，却一一都再不能入心。待到此时，一切名利皆浮云，一切沧桑都入淡。

因那爱已苍老如生，浅若流年。他与她之间，唯剩空荡荡十九年如水光阴，凄凄然在他们心上淌下。但是，曾经立下的那一些誓言，定不会因生死易。将始终，招展飘摇，向千万世。

12 | 怨歌行

[班婕妤，汉成帝]

她写《怨歌行》，她说"恩情中道绝"。她转身。她默然立于那一幕雕花鸾凤的屏风后，月光照过她的身体，在屏风上投出一道寂寞的影来。此一刻，这女子气若游丝，仿佛就要脱离这浊重的尘世。一世太长，长到她不知如何去吊唁了。一生亦太短，短到她觉不足以珍惜了。她是班婕妤。

班是姓，而婕妤非是名，只是汉代后宫的嫔妃称谓。汉制，婕妤原来仅次于皇后，后从汉成帝始置昭仪，婕妤则位在昭仪之下，地位便已有所跌落。因班氏入宫曾被封为婕妤，于是后人便一直沿用这个称谓，以至其真名如今已不可考。

班氏汉成帝时入宫，初为少使。彼时，她已是碧月珍馐，如水贞静，出落得袅袅娉婷。又满腹才学，善诗善赋，内外兼修。饱读诗书，精通音律，姿容清美，气质高华。落在人海里，也是轻易就能认得出的。

这样令人瞩目的女子，迟早是要被与众隔离的。定然是有人不舍得看她被放逐在外，肆意流连。而能有本事将她一生一世都看住的人，这人间只有一人。即是当朝天子汉成帝刘骜。

起初都是好的。她与他好比扇里的合欢，俪影温柔，成对成双。他对她青眼有加，她赠他最美芳华。饮酒作诗声色缠绵，却又不耽溺。因她知道自己的段位，知道深处后宫危机四伏的艰辛，她亦明了自己之于这个男人所应当持有的掌控力。她不能做无端的"祸水"。要知道，她这样冷静和克制，是多么揪心。

他早已注定将是她这一世唯一的男人。面对这样的唯一，她却不能肆无忌惮地索取。她不能贪婪，因她的意念里，这男人理应将更多的心思用于爱百姓子民。一切她均了悟。她如此自知、清醒、贤德，她亦因此变得高贵。

那一回，汉成帝对她说同辇出游。但她深知，贤君出游必应贤臣于侧，唯有夏商周三朝末主目无江山礼法，作了祟，置婴宠佐伴。纵使她心里有千百个愿意，她也是万万不能去这样伴君出巡。她是怕应了那一个红颜祸水的谶。因这事，连王太后也慨叹"古有樊姬，今有班婕妤"。可是，她纵是樊姬，他却不是那个有无艳之贤的楚庄王。

赵飞燕、赵合德姐妹入宫那一日，一切都有了变化。二女美艳倾城，以色侍君，昼夜承欢。她见他激奋的面容之下是满满当当的藏匿不住的喜悦。把酒言欢，通宵达旦。猛然之间，他从她的眉眼之下穿梭而过，直抵合德"温柔乡"。

她给予他的不是不够多，只是他内心浅薄，即使识得她的好，亦不忘粗鲁地剥夺别处的温柔。他是一个欲壑难填的人。这样的男人粗糙且不知节制，丝毫没有认真之心。

他自然不懂得她的内心温热，他甚至忘掉了百姓子民的生之所系。抛却生前社稷事，但愿身死温柔乡。他说："吾当老于是乡（合德温柔乡），不能效武帝求白云乡也。"至此，她终于绝了所有的想头，亦彻底明白了一些道理。

她明白，自己爱的这个男人，是与爱情无关的。她只是在爱，她只是在这种爱之冀望里挨度日夜绸缪的孤独。她只被允许有这一个男人，于是她亦只能去爱。而最终，赵飞燕、赵合德的闯入让她终于明白，这爱，自始至终不过是她一个人的事情，是与他无关的事情。她，别无选择。

她是不是还要感谢赵飞燕、赵合德，抑或，她是否应当感激他的疏离、冷漠。爱情有时是虚构的。充满谎言和假象。天子面前，她区区一名弱女子又有何能耐讲究得到，她只有一条路可以走。那就是失去和丢落，直到一无所有。

　　新裂齐纨素，鲜洁如霜雪。
　　裁为合欢扇，团团似明月。
　　出入君怀袖，动摇微风发。
　　常恐秋节至，凉飙夺炎热。
　　弃捐箧笥中，恩情中道绝。

这是班婕妤被后人吟哦了千年的《怨歌行》。班婕妤是绝才女子。这首诗她更是染了泪滴了血进去的。字字句句里都是她的阑苦伤念。他到底是在那荡荡美色里失了心魄。他将她抛到脑后，连同她秉烛伴君的好，一点一滴忘得干净、彻底。爱，这件事，是随时都会戛然而止的。

她清醒，蕙智。所以她对自己亦是有些残忍的。她深知她没有心力去在这场爱欲角逐里争夺。不是她的，争来也无意。她不要那争来的强扭。她有自己的感情态度，隐忍的，委屈的，难能保全的。她所能做的、愿意去做的，也就是急流勇退，却不求明哲保身。于是，班婕妤缮就奏章一篇，自请前往长信宫侍奉王太后。

承祖考之遗德兮，何性命之淑灵。

登薄躯于宫阙兮，充下陈于后庭。

蒙圣皇之渥惠兮，当日月之盛明。

扬光烈之翕赫兮，奉隆宠于增城。

既过幸于非位兮，窃庶几乎嘉时。

每寤寐而垒息兮，申佩离以自思。

陈女图以镜监兮，顾女史而问诗。

悲晨妇之作戒兮，哀褒阎之为邮。

美皇英之女虞兮，荣任姒之母周。

虽愚陋其靡及兮，敢舍心而忘兹。

历年岁而悼惧兮，闵蕃华之不滋。

痛阳禄与柘馆兮，仍襁褓而离灾。

岂妾人之殃咎兮，将天命之不可求。

　　夜悬明镜青天上，长信深宫生寂寂。择班婕好《自悼诗》于此，以表内心清薄哀伤。然，她或已望透了彼此的爱葬，望透了花落人散两阑珊的命局。

忆年十七兮初入未央，获侍步辇兮恭承宠光。

地寒祚薄兮自贻不祥，谗言乘之兮罪衅日彰。

祸来嵯峨兮势如坏墙，当伏重诛兮鼎耳剑铓。

长信虽远兮匪弃路旁，岁给絮帛兮月赐稻粱。

君举玉食兮犀箸谁尝？君御朝衣兮谁进熏香？

婕妤才人兮俨其分行，千秋万岁兮永奉君王。

妾虽益衰兮尚供蚕桑，愿置茧馆兮组织玄黄。

欲诉不得兮仰呼苍苍，佩服忠贞兮之死敢忘。

读罢陆游这首《长信宫词》，只觉辞苦意凉薄。这人世，兜兜转转，无非爱或分离。不怨你情寡，只恨缘太薄。寂寞人心都相似。一些女子仿佛生来便只是为了自己的那一桩花事。为他，赴汤蹈火，至死方休。若是说她们心里没有怨，那是假的。可是这一点怨又算得了什么，它们哪里敌得过心头溢出来淌进身体每一根血管里的嚣张的爱。

只是，疼的是，在她们的爱情里，多是欢未央却已心全蚀。

13 ｜枯荷

［董贤，汉哀帝］

　　爱情的存在是否应当有所前提。若是有，这前提当中是否会涉及性别。题似深海，其实当中所隐蔽的，是令人百思不解却又是极易知晓的一个道理。他，沉睡在历史的尘埃当中，孤绝又伤感。

　　他是汉哀帝，刘欣。那一年，他十八岁。清俊少年一夜长大，越过人生至关重要的一处隘口，着龙袍，立于文武百官面前。清风盈袖。彼时，他内心尚空旷如野，天下入目时，亦不过只携一颗赤子心来看，并无其他。

　　少年时，他已是低敛之人，处处谦恭，为人善微。所热爱的事情，也是读经书、习兵法，是文辞博敏的有才郎。他初登帝位时，也曾胸怀天下，想作为一番。于此，他躬行节俭，省灭诸用，勤于政事，又启用龚胜、鲍寅、孙宝等有识之士，颁布限田令、限奴婢令等法令，试图抑制日益严重的土地兼并。颇有治国章法。

只是，他生不逢时，大汉朝命力衰竭，纵然他竭尽所能，也不能力挽狂澜。他的革新政策也因受到大贵族大官僚的反对以失败告终。不止于此，汉哀帝的祖母傅太后长于权术，在傅太后不断干政的情况下，汉哀帝事难周全。终究导致权力外移，朝风日坏。

他太年轻。身体里聚集的能量尚未能足够应付政治深海里的波诡云谲。人的操持力是不一样的。有一些人顽固如金，有一些人薄弱似绵。刘欣不是坚硬的人，他温柔有余，刚毅不足。所以，这个时候，他选择的是独善其身，只顾自己的自由修为。

班固的《汉书·哀帝纪》记道："孝哀自为藩王及充太子之宫，文辞博敏，幼有令闻。睹孝成世禄去王室，权柄外移，是故临朝屡诛大臣，欲强主威，以则武、宣。"他在位，一共不过，七年而已。

七年是一个轮回。当中有他的静默，有他的喧嚣，亦有他的执迷和凌乱。天下若不能治，他便只有料理自己一个人的风华。这是他的自私之处，但也是无奈之举。却也迎合自己内心的孤绝。

汉哀帝建平二年，他遇见他。那一日，他下了朝，走在回寝宫的路上。日光明艳如三月花，妍暖怡人。他不经意间，望到殿前站着人正在传漏报时。他便侧目随意道了一句："是舍人董贤邪？""正是。"董贤答。再待汉哀帝细看，却见董贤眉目端正，姿容端丽若女子，貌美不似凡人，大胜往日。就是一瞬的事，董贤令刘欣大为心动。

彼时，刘欣大约也是被自己内心的那倏然一动震惊到。却转念便觉，这不经意的期会也是某一种牵系的注定。他不知，他犹疑恍惚时，业已爱上他。

班固《汉书·董贤传》作据："二岁余，传漏在殿下，为人美丽自喜，哀帝望见，说其仪貌，识而问之，曰：'是舍人董贤邪？'因引上与语，拜为黄门郎，由是始幸。"董贤"性柔和"、"善为媚"，命中星光乍现。一朝之宠，竟成不绝。

刘欣做少年太子时，董贤已被选作太子舍人常伴左右。彼时，刘欣心智尚不成熟，他看董贤，也就是单纯觉得他清俊，或者美。却不知，从那里开始，他与他便有了牵扯不开的关联。刘欣是真的爱董贤。那爱是不计代价不管不顾孤注一掷的。

他赐董贤良田，封董贤官爵做驸马都尉，纳董贤之妹为昭仪，升董贤父亲董恭为光禄大夫。董氏一族占尽董贤的光。正所谓，一人得道，鸡犬升天，便是这个道理。《汉书·董贤传》载，此时董贤已是"出则参乘，入御左右，旬月间赏赐巨万，贵震朝廷"。

另外，刘欣还命董贤随身侍候。万千宠爱集于董贤一身。二人，同辇而坐，同车而乘，同榻而眠。并且，刘欣还下令说要在自己的陵旁为董贤筑建一墓。意为，生则同床，死则同穴。甚至，刘欣还有禅让帝位于董贤的想法，确是惊煞世人。

中国成语当中形容同性之爱的"断袖之癖"一词便是由汉哀帝和董贤而来。相传，董贤"常与上卧起。尝昼寝，偏藉上袖，上欲起，贤未觉，不欲动贤，乃断袖而起。其恩爱至此"。说二人睡在一起，刘欣起床时怕惊扰董贤，便自断龙袍之袖，以安董贤之眠。是为"断袖"一词的典故。

爱到深浓时，总是体现在细微处。细微之处的感情总以朴素本真的状态豁然而出，是最原始最炽烈的。

于此不论是非只谈情。纵然汉哀帝和董贤素来为人所不齿，后人评价也是尖刻没有退让。世人却不想二人之间的情谊深笃绝非大多匆匆草草的男欢女爱所能企及。这当然是值得赞叹的。再如何菲薄，至少，他们还有爱。

其实据史记载，汉朝的帝王似有好男色的传统。司马迁在《史记·佞幸列传》中开宗明义地说"非独女以色媚，而士宦亦有之"。班固亦于《汉书·佞幸传》末尾撰文"柔曼之倾意，非独女德，盖亦有男色焉"。汉朝士宦男色色媚倾意帝王的现象时有发生。

比如，汉高祖与籍孺。据《史记·樊郦滕灌列传》记载，高祖十一年（公元前196年），淮南王起兵作乱，刘邦则佯病避战。说后来因情势危急，樊哙等大臣直闯入皇宫面圣，却发现刘邦正睡于一位宦官身上。据考证，此人乃是籍孺。

比如，汉惠帝与闳孺。班固《汉书》里说，汉惠帝时，有佞臣闳孺，擅婉媚之功，常与皇帝同卧，宠冠一时。后来宫人未得宠幸，纷纷效仿闳孺，帽插翎羽，面敷脂粉。宫廷之中一时风气靡靡。

比如，汉文帝与邓通。邓通出身低微，但与汉文帝感情交好，非常人可比。相传，汉文帝十八年（公元前162年），汉文帝背生毒疮，辗转难眠，痛苦不堪。御医多次诊断，仍未见疗效，于是，汉文帝暴怒。幸臣邓通闻讯后，不顾脓疮恶臭，用嘴给文帝吸出疮里面的脓汁。邓通之举实在令人咋舌。

以及，功德盖世的汉武帝亦有好男色的习性，并且相传汉武帝的幸臣众多。比较出名的有韩嫣与李延年。《史记·佞幸列传第六十五》记道："今天子中宠臣，士人则韩王孙嫣，宦者则李延年。"

韩嫣与汉武帝刘彻自幼相识，感情深厚，"时嫣常与上卧起"。

后来更是因宠而富，把金丸当弹球，每日都会遗落十余个。贫家子女常紧随韩嫣身后，待金丸落地，便上前哄抢。因此，当时民间便流传着一句"苦饥寒，逐金丸"的谚语。冯梦龙《情外史》有撰："韩嫣好弹，常以金为丸，所失者日有十余。长安为之语曰：'苦饥寒，逐金丸。'京师儿童每闻嫣出弹，辄随之，望丸之所落辄拾焉。"

李延年是宦官。倡优出身的他，性知音，善歌舞，音乐造诣颇高，深得汉武帝赏识。《史记》里也说他"与上卧起，其贵幸，埒如韩嫣"。

诸如此类，好男色事，屡见不鲜。于是，他与历史也不是显得那么格格不入。虽在常人眼里是异数，却也能生出别样一种风情。佞幸是汉代政治文化中的一个重要的亚文化群体，对汉代政治造成了重大影响。然而，至今罕见关于汉代佞幸的专门研究。但纵然如此，那些奇异的感情事始终横亘在历史里，不消失不褪色，任谁也避不开。

自公元前 7 年至公元前 1 年，刘欣一共在位七年。公元前 1 年六月戊午日驾崩，原因不明。葬于义陵，一说葬在扶风，谥为孝哀皇帝。刘欣去后，董贤也自尽。是见大势已去难能自保也好，是为他爱以身殉情也好。至少，董贤给了自己与刘欣的这段感情一个可被浪漫想象的终局。

这样也好，生在牢笼里，死得自由身。来世，愿他为男他为女，愿他做夫他当妻，做对寻常相伴人。追忆这一对人，不能不感伤。因对于爱，他们总是这样予取予求着。竭尽一生的勇气和力。

两个男人，或者两个女人。

其实，也是可以在一起的。

14 | 齐眉歌

［孟光，梁鸿］

鸿山东麓，鹅湖之滨。

有男梁鸿，有女孟光。

梁鸿意朗，孟光情挚。

举案齐眉，恩爱不移。

相传东汉初年，扶风平陵（今陕西咸阳西北）有男子名曰梁鸿，字伯鸾。家贫但性情狷介实挚。曾入太学受业。学毕，于上林苑牧豕。其人正直诚恳、谦恭有礼。

有一回，梁鸿"误遗火延及他舍"，不小心将房屋弄着了火，殃及了左右邻居。于是他便一家一家登门道歉，并将所养的猪作为赔偿物送给对方。"鸿乃寻访烧者，问所去失，悉以豕偿之。"

不料，有一户人家，心贪难餍，说梁鸿赔偿得不够。于是，梁鸿说，自己"无他财，愿以身居作"。我没有别的财务，愿意用自己的身体做工来抵。这家人便答应了。但见梁鸿日出而作，日入而息，勤恳不懈怠，处处竭力一丝不苟。这便是梁鸿内心的道德所在。极少有人，如他，内心的意念对自己时刻具备约束力。绝不作任何一丝有违内心道德准绳的事。

《后汉书·逸民列传·梁鸿传》记："曾误遗火延及他舍，鸿乃寻访烧者，问所去失，悉以豕偿之。其主犹以为少。鸿曰：'无他财，愿以身居作。'主人许之。因为执勤，不懈朝夕。"

后来，梁鸿的诚挚与勤恳被邻家的老人们看在眼里，深觉此年轻人非是庸常之人。人至耄耋之年，总有一些生命的时辰里积淀出大智慧。他们会将人看得十分准确。比如对梁鸿，便是如此。老人们一起指责梁鸿做活的主人家，不该如此刻薄对待他。

再以后。那家人被感动，也对梁鸿备加尊重，并欲将梁鸿赔偿的猪归还，但梁鸿坚决不能接受。在他的意念当中，这是他理应给予他们的物。他没有分毫理由收回。所有的劳作也是他甘愿而为，未曾对此有丝毫怨怼之心。

如此良人，名声一旦传开，定有女子会爱慕。果然，梁鸿的品德操行被世人得知后，许多女子想嫁与他为妻。梁鸿却不应。

正此时，同县孟氏有一女，其人相貌不扬，力大如男，据说能将石臼轻易举起。她在周遭亲朋眼中从来都是难以嫁出的女子。却不料孟女不管不顾，仍旧兀自有爱情理想。她向父母宣布：一则不嫁，要嫁就要嫁梁鸿。这话落到旁人耳里，甚至连她的父母，也觉得女儿是不自量力。这一桩事顿时传成了孟女的笑柄。

不过，世事都有注定，人人都无可预计。爱情是尘世中变数最大的一件事。没有人有毫厘不差按部就班的本事。所以梁鸿推拒了诸多美人却偏偏笃定心意娶过孟女，惊煞了不知多少颗心。梁鸿娶孟女，只为她性纯朴情敦厚，正应了他心底的好。

梁鸿是有大智慧的男了。他懂得穿透表象关注本质，对感情、对女子的态度也是深透清明的。孟女虽"肥丑而黑"，却为人纯良朴素。梁鸿知，这样敦厚的女子内心必定恒存一种静好安和的生存态度。这才是能令他心有所喜的女子。

梁鸿听闻孟女对他有意，便下了礼聘。孟女出嫁时还请求夫家为她准备粗布衣服、草鞋、纺织用的筐、搓绳子的工具。这令梁鸿十分感动，内心对她赞赏不已。等到出嫁，才梳妆打扮进了门。

梁鸿与孟女成亲伊始，梁鸿竟出人意料地对孟女冷漠相待。过门七日，梁鸿不语。素来温常有礼的梁鸿竟做出如此异状，这令孟女十分惶恐不安。

后来，孟女"乃跪默下请曰：'窃闻夫子高义，简斥数妇，妾亦偃蹇数夫矣。今而见择，敢不请罪'"。孟女竟跪倒在地泣诉："妾早闻夫君贤名，立誓非您莫嫁；夫君也拒绝了许多家的提亲，最后选定了妾为妻。可不知为什么，婚后夫君默默无语，不知妾犯了什么过失？"

这是《后汉书·逸民列传·梁鸿传》所记事宜当中最令人不悦的一段。说它不悦，在于它被记述时，记述者内心尚不能清正地对待男女感情。孟女在此处被写得十分卑贱。尚不知自己犯了何错，便跪地请罪。

历史之所以研究时艰辛，便在于，任何的记述者都绝不可能摒弃所有主观意念，不掺杂任何感情色彩。这是不可能的，这是由人性本质决定的。所以这一处的细微冷暖也定是与真相有误差的。且将故事说完，再论个中偏颇。

梁鸿见孟女跪地泣诉，方才启口说话，讲明了原因。他说，他所喜的女子本应坚持朴素清简的生活习性，如今她却着锦罗绸缎，涂脂抹粉，这违背当初娶她时的意愿，覆没了她令自己心动的纯素。听罢，孟女恍然醒悟。原来如此。

于是，孟女便立即将衣服换下，穿上布衣。也将头发整齐地梳起，绾成髻。静默不语，转过身去做起女红。梁鸿见妻子如此聪敏贤惠，实在不能不喜。"喜曰：'此真梁鸿妻也。能奉我矣！'"
并且，梁鸿还为孟女取名为孟光，字德曜。意为孟光的仁德如光
般曜目恒存，是妻中典范。从此，孟光荆钗布裙，襄助梁鸿，夫
妻感情甚笃。

梁鸿性情狷介，不愿为官。他的生活理想便是隐居山水，享
自然之乐。听风、观鱼，与山与水与石与树与自然之尘埃做非一
般的亲近。这其中蕴含的是梁鸿清定的人生态度。他本就是可与
花草鸟虫风花雪月知音般相惜的清净人。所以，他注定会与她过
上世人所羡的男耕女织的田园生活。

彼时，他便领着妻子住进霸陵山中。轻巧地从尘世脱身，纵
入不被喧嚣扰的深净世外。本来，他与她便可以就这样一直相携
到老。却不料那一回他外出途经京师洛阳，见那帝王宫室奢华绮
丽，内心一时暗涌波动，情不自禁地作出一番知天下民忧的感慨。
然后作了一首诗，题作"五噫歌"。

陟彼北芒兮，噫！
顾瞻帝京兮，噫！
宫阙崔巍兮，噫！
民之劬劳兮，噫！
辽辽未央兮，噫！

这首只有五句诗的《五噫歌》，每一句都以"噫"字慨叹结尾，连用五次，表达出了梁鸿内心对统治者劳民伤财强烈的控诉和愤慨。如此诗作，写出来需要的不是寻常的勇气和胆识。但是梁鸿毅然将内心知获付之于诗，公布于世。

他大约也是可以料到自己的结局的。他只是比寻常人多出一些看透人生的智慧，他始终淡定自持心静如水。汉章帝知道梁鸿作了这首《五噫歌》后，果然大为震怒。后来汉章帝下令缉捕梁鸿。于是，梁鸿不得不隐姓埋名，带着贤妻孟光逃亡远处。

这样的变故对他来说，是可预料的。他亦是处之泰然的。有这样敞阔的心魄和通达的意志的男子自然不是池中物。他在历史当中呈现出来的姿态是趋近完美的，是寻常男子可望不可即的，自然也是被记述者倾注了主观向往的。

梁鸿与孟光都是被当成某一种感情标识被记录。梁鸿卓尔，孟光庸常。漂亮的男子与丑陋的女子相爱，仿佛是某一种感情择取方式的教导。其实道理是正确的，只是这一段爱情留下来的斑驳痕迹，此一时，后世缓缓寻去，也许知觉到的并不是那样美。

后来，他们离开了齐鲁，跨淮河、过长江，一路来到吴地。听说因梁鸿仰慕泰伯高风，便决定在泰伯墓地铁山安顿下来。至此，这一对双心相印的夫妻才算将定顿下来。那时，梁鸿一家住在大族皋伯通家宅的廊下小屋中，靠给人舂米过活。之后的生活如风清和，是男耕女织的纯素的模样。

相传，那时孟光总会先把饭食准备好。待梁鸿每日劳作归来时，孟光便用双手将盘子托举至眉处一般高，送递给梁鸿食用。这一切被皋伯通看在眼里，令他大为惊讶。只觉："彼佣能使其妻敬之如此，非凡人也"。一名雇工能让他的妻子对他如此恭敬有加，此人定有非凡之处。

如此揣定，皋伯通便邀请梁鸿夫妻迁入他的家宅居住，并供给他们衣食。也因了这一次的机缘，梁鸿才得有机会著书立说。据说那时梁鸿闭户著书多达千余篇。成语"举案齐眉"也便是由此处而来。

举案齐眉，素来是形容夫妻感情和谐深挚甚笃。如此也仿佛，举案齐眉的相处方式是夫妻生活的一种典范。梁鸿与孟光的举案齐眉，看在我的眼里是一种不可触及的恬淡如心的境界。却不易亲近，坚硬干枯。

两个人相爱，应当内心自在，行事自由。梁鸿与孟光所择取的相处方式却是一种工整至极、严肃至极、清淡至极的。看过去虽有一种圆融，却没有爱情的意象当中所能给予人的那一种温柔。

读《后汉书·梁鸿传》，读出一种气硬洁净的爱情之式。当然也不坏。因它亦是一种生活态度，有某一种修养的体现。但希望来生，她与他之间，能多一些风花雪月，多一些良言美意，多一些温柔辰光。

15 | 合欢

[阴丽华，刘秀]

人人都说，海誓山盟总是赊。

本意好美的一个词，最终却隐含了一丝凄惶。那是来自于爱人之间不能预知终局的不确定。所以海誓山盟的话变得清淡、漂浮、空隐。渐次失去被信任的质地。但他对她的爱，是对感情誓言的一段最深刻的告慰。仿佛是历史长河里深情斑驳下的唯一一点明照。

每忆及那一双人，总觉整个人都变得柔情起来。仿佛过往一切的浮嚣、骚动、不安都是虚像。仿佛内心深处恒存的某一种对爱的笃定才是真相。纵然它温柔而脆弱。

公元前 6 年，他出生于河南南阳西南方的刘家。生时，便得一身清定又洒然之气。不哭不闹，静静卧于素色襁褓。他是刘秀，东汉开国皇帝，汉光武帝。相传，他的父亲刘钦和母亲樊娴生下他那一年，方圆百里任何一家的收成都比不上刘家，刘家的田里竟还出现了一茎九穗的奇象。因他太好，连出生都被后世描摹出浪漫。

虽然刘秀是汉高祖刘邦的九世孙，有着纯然的皇室血统。但是，时已西汉末年，实质上，刘秀一家也无皇室子嗣之实。父亲官职虽小，但母亲娘家富有，所以家境也算殷实。童年，刘秀过得安稳静默，无丝毫喧嚣之姿。其长兄刘演却在少时表现出异禀天资，熟读儒家经典，刻苦研习兵书，颇令人注目。

虽然如此，但刘秀是兄弟姐妹当中性情最和善温婉的一个。这似乎也是注定他日后的处世态度当中有一种臻和的圆融。刘秀待人坦诚，常与家中婢仆打成一片，无丝毫偏见。是宅心仁厚的好人。

公元8年，刘秀已长成翩翩少年郎。其人生得清俊好看，想后来即便过掉许多年，也应当还是风姿英发令人着迷的吧。就在这一年，天下大变。西汉亡，新朝立。那个叫作王莽的人动乱了世人的生活。刘秀兄弟也在这祸乱当中，内心自然也就应运长出庇护己身的顽强。

在改朝换代的乱世催化下，刘秀也渐渐变成心怀抱负的男子。

弱冠之年，他去长安求学，也于此时，刘秀开始结交天下豪侠。初显大将之气。

也就是长安的时间，他遇到了自己生命当中最珍贵的女子。牵系一生、生死相连的那个叫作阴丽华的女子。彼时，阴丽华年纪尚幼，不过豆蔻年纪，但姿容端立俨然非凡间物。刘秀不是鄙薄之徒，但见阴丽华时，却倏然之间得到一种领悟。与爱有关的领悟。这便是他与她无可违逆的缘。是宿命当中的事情。

那一回，他去拜访阴丽华兄阴识。阴识文武双全，是良才。刘秀对阴识素来敬重，只是不想，那一日的拜访竟成就了一段千世好姻缘，于漫漫尘世静定弃浊三十年。那一日，她在院里浇花，姿态婉静袅娜。他不经意间，那一望，竟隔世相见如旧人。内心温柔肆意。他也不知，如此年少的女子的身体里如何能有一种牵定男子的气场，于静默时，于背影处，于千山万水之中。

无论如何，他是把心留下了。留给那芳香肆意的小女子。牡丹花下把爱郑重抛与她，仿佛是他有生以来最壮烈的事。只是有人在旁提醒，阴丽华乃大家闺秀，粗野匹夫自然匹配不得，嫁与功成名就的好儿郎才是嫁得其所。刘秀听在耳边，记进心底。

所以，有了那一句感动千万世人的

——"仕官当作执金吾，娶妻当得阴丽华。"

男人有了目标，生活即刻就会变得充满前进力。有时，女子不经意间便成了塑造男人一生的力量。因她在他背后，形成一种向上的磁场，在他身体里、灵魂里形成一种意念上的羁绊。人的内心始终都是神秘不可预知却暗藏波涛的乾坤。刘秀不知，他日后功成名就，其实只是这一刻，不经意间被这小女子启动了而已。

刘秀揭竿而起时，大势未定，充满可能性。他的起义队伍很快便变得庞大起来。刘秀和哥哥刘演，打出"刘邦九世孙"的旗号，推立汉朝宗室刘玄为皇帝，建立了自己所向披靡的"绿林军"。而阴丽华的兄长阴识也在"绿林军"中跟随着刘秀闯荡。

刘秀的魄力阴识当然看得见，刘秀的前途阴识当然也不会不知，刘秀对自己妹妹的情意亦是那样深重，于是，在阴识的撮合下，刘秀和阴丽华也便成了亲，变成结发夫妻。刘秀自觉此乃人生最大的幸事。而在阴丽华的心头，嫁此良人，大约也是不能再好的事。

在刘秀与阴丽华的爱情里，起初刘秀是赴汤蹈火的那一个，后来委曲求全但求他欢的人则是阴丽华。而这之间的波折承转都源自刘秀生命当中的另一个女人，郭圣通。

刘秀打下一片江山自然非易事。单凭刘秀麾下军队，寡不敌众，难以争夺战乱制胜他方。因郭圣通的舅舅刘扬有十万大军，故刘秀便派遣使者说服刘扬，助己一臂之力，一齐打江山。所以，历史上说刘秀的江山有一半是属于刘扬的也不为过。

正因此，刘秀便无奈接纳了一场政治联姻。刘扬将外甥女郭圣通嫁与刘秀便正是刘扬的政治谋段之一。男女之间最大的悲剧莫过于建立一段与爱无关的婚姻关系。可惜的是刘秀无奈，只能应允。

公元25年，刘秀在河北柏乡建立自己的政权，史称东汉。刘秀成为东汉的开国皇帝。因郭圣通的介入，令刘秀一直内心难安，自觉亏欠糟糠之妻阴丽华。于是立后一事，便成为他的心头大疾。一头是挚爱发妻阴丽华，一头是政治压力之下难能草率对待的郭圣通。但阴丽华之所以令刘秀痴心三十年未改，自有她令刘秀痴心的贤良淑德的好。

哪有女子不想当皇后。如若她真是做到不去当，那势必有重如生命的命题在别处。她爱他，不须名、不须利、甚至不须名姓。他在她眼中，从来都是那个花下端凝她眉目的清定人。他之于她，从来只是单纯执手的相伴人。

在旁人眼里，他是国主是君王，她是爱妃，是后宫里的人。她依然在给予，不过如今所能为他做的事情，也只有让贤后位这一件了。做一个安心的贵人未尝不是一件好事，所以她并无半分怨怼之心。她是甘愿的，是平静的。也因为这样，她的好，便在他的心头更深进了一寸。直到根深蒂固，直到刘秀再不能拔。

有时候，感情里，人是应当以退为进的。这才是智者所为，才是贤人所为。不索取，不喧嚣，做一个真正的清定的感情人。这样总会得到好的业报，开出好的花朵来。

所以在阴丽华坚持让后位于郭圣通后，她得到的是更多的喜爱和珍重。公元26年，刘秀正式册封郭圣通为后，郭圣通成为东汉王朝第一任皇后。阴丽华安居贵人。

彼时，刘秀纵有千百个不情愿，事情也已成了定局，虽亦是对自己最爱的女子愧疚难当。女子千万，从来都只有她才是他心里的后、唯一的后。也是这样的意念恒存，所以那一回的变故也在某种程度上应了命运的谶。

郭圣通的舅舅刘扬突然起兵叛变，企图覆国。其实起初，他的狼子野心便已经透露。从郭圣通嫁给自己的那一日，刘秀也隐隐有着一些预料。所以这一时，刘秀先发制人，擒贼先擒王，果决地将刘扬拿下斩首。一出祸乱夭折，刘秀得天下民心。

后来，阴丽华老家遭劫，阴丽华的母亲和弟弟惨遭杀害。这一件事给阴丽华带来沉痛打击，是一种不可抗的压迫。她瞬间形容消损，憔悴不堪。他与她本是一体，她痛，他更痛。痛到极处。于是，为抚恤爱妻，刘秀下了一道诏书明言心中挚爱向天下。

诏曰：

> 吾微贱之时，娶于阴氏，因将兵征伐，遂各别离。幸得安全，俱脱虎口。以贵人有母仪之美，宜立为后，而固辞弗敢当，列于媵妾。朕嘉其义让，许封诸弟。未及爵士，而遭患逢祸，母子同命，愍伤于怀。《小雅》曰：'将恐将惧，惟予与汝。将安将乐。汝转弃予。'风人之戒，可不慎乎？其追爵谥贵人父陆为宣恩哀侯，弟忻为宣义恭侯，以弟就嗣哀侯后。及尸枢在堂，使太中大夫拜授印绶，如在国列侯礼。魂而有灵，嘉其宠荣！

刘秀情深意重不惧流言。

他告诉天下人，阴丽华是他刘秀的糟糠之妻，是患难与共永世不分离的那一个。至于后位，本应属阴丽华。是她深明大义，执意屈居，他才封郭圣通为后。如今爱妻至亲离世，自己亦是沉痛万分，因此，他便追封阴丽华的父亲阴陆为宣恩哀侯，弟弟阴忻为宣义恭侯。让阴丽华的另一个弟弟阴就代替阴诉为长子，继承宣恩哀侯的爵位。

诸多明言郭圣通看在眼里，痛在心底。她百般用力，也无济于事。感情，根本不能强求。她从来也未曾得到过这个男人。她自始至终都仿佛是刘秀感情世界的局外人。公元 28 年，阴丽华又为刘秀生下一个儿子，也就是后来的汉明帝刘庄。刘庄的出世，也仿佛是一种预兆。果然，郭圣通之子刘强的太子之位最终还是易主刘庄。

公元 41 年，刘秀内心感情终于累积至爆、汹涌成洪。将郭圣通湮没到无声无息。郭圣通仿佛陷入爱情的绝境，频频做出失控的事，对阴丽华和刘秀破口大骂。于是，这一年，刘秀毅然发布一道废后诏书。天下已安，他若是此时再不能给自己的爱情来一个境地圆满，怕是年老体衰之时，连回忆这一件也是虚弱至死的。

诏曰：

> 皇后怀执怨怼，数违教令，不能抚循他子，训长异室。宫闱之内，若见鹰鹯。既无《关雎》之德，而有吕、霍之风，岂可托以幼孤，恭承明祀。今遣大司徒涉、宗正吉持节，其上皇后玺绶。阴贵人乡里良家，归自微贱。"自我不见，于今三年。"宜奉宗庙，为天下母。主者详案旧典，时上尊号。异常之事，非国休福，不得上寿称庆。

大约是由于郭圣通对阴丽华刻薄对待，所以他说，郭圣通仗势欺人，对后宫妃嫔和子女不能一视同仁。又说她内心如吕雉般歹毒，更无母仪天下之风范。而阴贵人虽乡里良家，归自微贱，却贤良淑德，足以母仪天下。于是他说，皇后之位，郭圣通难以胜任，阴丽华坐得其所。

爱之波折尽于此。刘秀和阴丽华之间，最终还是盛开了一树一树好花，虽千万根茎虬曲蜿蜒于地下。但看这日青芽破土而出，便觉人间依旧良辰好景不眠休。

娶妻当得阴丽华。这是刘秀生来为人最大的爱情理想。生之错舛无可预计，但他始终内心有笃定的信仰，援助他的事业和爱情。那信仰便是与他生命同生同息的忠贞。

历史长河千万里，也只有这一对人。在深宫里，完成了一回叫作"白头到老"的爱情传奇。

闲品 四

知君用心如日月

16 | 夕会

[织女，牛郎]

大河之东，有美女丽人，乃天帝之子，机杼女工，年年劳
役，织成云雾绢缣之衣，辛苦殊无欢悦，容貌不暇整理，天帝
怜其独处，嫁与河西牵牛为妻，自此即废织纴之功，贪欢不归。
帝怒，责归河东，一年一度相会。

这是南朝时任昉在《述异记》里关于《牛郎织女》故事的简
要记载。东汉的应劭亦于《风俗通义》逸文此事："织女七夕当渡
河，使鹊为桥，相传七日鹊首无故皆髡，因为梁以渡织女也。"

牛郎织女的传说始于《诗经·大东》"跂彼织女"、"睆彼牵牛"
的记载。而将牛郎、织女写为夫妻的文章，应当是南北朝萧梁的
昭明太子萧统编纂的《文选》开始。

其中文章《洛神赋》有注释道："牵牛为夫、织女为妇，织女牵牛之星各处河鼓之旁，七月七日乃得一会。"据此，牛郎织女由天上两星宿演变成了夫妻伉俪。

只是，这一段事自流传之日开始，仿佛就注定要与一些落寞人、独行者内心对爱的庞大的无助牵绊在一起。这个传说，其实本质上不过是旧社会里感情再深不敌门不当户不对父母之命的一个例证、一个最广知的例证。

在人间。他本是不被注目的一株孤草，独自经历风雨折难。他本性纯良，对待一切事物都宽善为怀。大到耕田老牛，小到植株野物，生活虽艰虽苦却也粗茶淡饭、甘之如饴。

人心是充满缺陷的，他内心却看过去此般敦厚质朴，勤勤恳恳安稳度日。自成一种圆满。这样的好，游丝如气，缥缈不被旁人察觉。

在天上。她是玉帝的七女，织女星君。日日织云雾绢缣之衣，以日月光华为枕，以万千云颜为席。那日，玉帝的其他六女偕七妹织女恳求王母齐游人间碧莲池。彼时，王母心悦便应了七仙女的请求。岂料这一去，人间天上竟别样，她亦沦入情爱万劫不复。

起初也是好的。他得老牛指点去碧莲池。老牛和另一辆破损

犁车是双亲去世后刻薄兄嫂唯一留给牛郎的。牛有灵性，那日老
牛突发人声，指示他去往碧莲池藏下其中的红裳。他哪知这老牛
前世是天上金牛星君，泄了天机在报他恩情。是想为牛郎的生机
打通路途。

　　他，只是照做，却心无贪图。只当应一回老牛做成一件被嘱咐
的事。虽然他也从老牛那里知道这着红裳的仙女子将要成为他的
妻。于是，那日他痴痴等待碧莲池边的芦苇丛中，望仙女降世浴身。
他是羞怯的，于是匆匆捡起红裳便离去。

　　当然是她去寻他，只是当她得见他时，她便了然于胸一些宿
命里的事。后来，牛郎再依着老牛的话问她。你可否下嫁于我为
妻，若是应了我，我便还你红裳。他对她吞吐着话，羞红了整张
脸。他自然是对她无抵抗力的。冰肌玉骨清无汗，她娉然立在那里，
已是摄得他心魄大动。

　　他知，若是得此女为妻，他勤苦辛劳一世也是绝无半句怨悔
的。但他哪知，她自这一眼见了他，就将彼此命里的缠绵难解之
情意梳理了清楚。只有她知，只有老牛知，他们是有前世的。她
依然记得他那一世为牛郎星君时，与自己两伴相依的时辰里都是
娟致，美好。

　　那一世，他尚是天上的牵牛星君。她爱他，他对她的爱更是无

以复加。无奈天条谨严，痴缠一对璧人势必不会有好下场。他被贬下凡历劫，她被罚织云满天。都以为就这样就能决断了这场缘。

再看这一日的聚首，却又是如若初见。她心意绵绵，他痴望连连。她哪有不应的理由，羞羞颔首以此来了一回自主的圆满。只是这人间男耕女织的欢喜愉悦匆匆草草便逝，敌不过时间，更敌不过天上神仙。她和他哪里能享用得长久。

那日，老牛去世。牛郎伤心欲绝，因老牛不是牲畜，老牛是他的心腹。不久，待他葬完老牛，忽闻天边惊雷炸响，瞬时乌云密布，黑了半天天空。而牛郎这一头，只见他手里攥紧老牛死前嘱咐他剥下的牛皮匆匆往家赶回。

待织女见了牛郎，听得他与老牛的事，便猛然悟到老牛即是当年为牛郎说了几句公道话被贬的金牛星君。正此时，屋外风声鹤唳，惊雷不歇，她知道，这劫数到了。

霎时，天兵下凡，不由分说将她押走。她知道，勃然大怒的王母终于知道了她和他的事。她小小仙女，是抵不过的。而那一头，牛皮瞬时渗出光来，指示牛郎寻她去。于是，人人都知道了他挑起箩筐，放置了一双儿女，奔她升天而去的一幕。

传说到了这里，已是高潮。但若得圆满又难续后话。那凄婉意境也会折损。于是来了一出王母的作恶到底。

她挥金钗一画，画出一条银河，横于这双痴儿女间。他与她永世不能得见。"河汉清且浅，相去复几许。盈盈一水间，脉脉不得语。"只是那箩筐的小儿女泣声断人心肠，直直地就穿进王母心底。

她到底是母仪仙界的女后，岂有丝毫不动容之理。她也算是开了恩，容二人每年七月初七聚上一回。由那喜鹊来搭桥。

故事止于此。末了灵光一闪的喜鹊是有寓意的。它在民间的传说里，素来是有吉兆之意。它象征了忠爱、团和、圆满，独有一种明媚的寓意。牛郎和织女的结局是悲但不绝，离爱当中亦有慰藉。这足以说明口耳相传的背后，人心当中自有一种臻善之美。

> 迢迢牵牛星，皎皎河汉女。
> 纤纤擢素手，札札弄机杼。
> 终日不成章，泣涕零如雨。
> 河汉清且浅，相去复几许。
> 盈盈一水间，脉脉不得语。

天条损了一段情，折了一回爱。许那一年传开这个故事的人亦曾受了古时尊卑规条的迫害葬送了不成正果的爱情。他爱她时，她风华正茂。她别他时，他眉目如海。其实，他要的也不多，不过只是如那牛郎织女七夕聚首一期一会的微小光阴。

这《牛郎织女》的故事，是中国古代民间四大爱情传说里我爱极的一则。因它，清婉，凄美，流连，绵长。悲伤里又自有一种隐约绵绵的明媚。道理是不变的，有爱，即有希望。

金风玉露一相逢，便胜却人间无数。

17 | 情咒

［刘兰芝，焦仲卿］

少年时，读乐府诗，印象最深刻的是《孔雀东南飞》。静听先生说文解意，便觉先生语气当中有一种难以琢磨的忧伤的温柔。后来再去看那一段文，内心便愈加有一种敏感的触痛。

他们最终还是死了。以终结作开始，渡过肉身皮囊的假象，得到一个永远的姿态。却是苍凉蚀骨的。人坚韧时，犹若磐石；人脆弱时，犹若纸丝。爱便是美。有顽烈之美，有嚣艳之美，有静默之美，有忧伤之美。

他与她，却是营造出一种哀怨之美。

她叫刘兰芝。素色女子，花草地里清色一抹。嫁给焦仲卿为妻。夫妻之间，本感情深刻。只是旧时，感情天然便不是一件男女二人之间单纯的事。它总是牵涉太多，便进而变得混乱、不纯粹、又疯癫。

一个男人一生至少要迁徙两名女子，母亲和妻子。而这二人之间，天然便有一种醋意在。至于之中的意味却非是三言两语可以讲解明了的。三人之间注定都有牵扯一生无法决断的羁绊。所以男人娶妻，母亲总是有一种甘苦不明的心意。映射在焦母的身上，便是一种妒意。

他们寻常度日，并无过错。只是相爱太甚。于是，这在焦母眼中便有一种不安。于是，被棒打鸳鸯散。如王小波说的那一句，"我们国家五千年的文明史，有一条主线，那就是反婚外恋、反通奸，还反对一切男女关系，不管它正当不正当。"深刻有理。

孔雀东南飞，五里一徘徊。

一句清淡的开端，看似漫不经心，却是隐忍着浊重的伤感。"徘徊"一词道尽了个中曲婉。徘徊本身表达的便是一种犹疑不定的踟蹰意境。这是暗示。暗示焦刘二人的感情里，那一种彷徨、不确定、忧弱带来的不安。

这不安从刘兰芝最初的那一段独白里就开始被透露。她说，十三能织素，十四学裁衣。

十五弹箜篌，十六诵诗书。

十七为君妇，心中常苦悲。

君既为府吏，守节情不移。

贱妾留空房，相见常日稀。

鸡鸣入机织，夜夜不得息。

三日断五匹，大人故嫌迟。

非为织作迟，君家妇难为！

妾不堪驱使，徒留无所施。

便可白公姥，及时相遣归。

从小，她就是要被培养成贤妻的。织素、裁衣、弹箜篌、诵诗书，做这一些，仿佛为的都是"为君妇"。只是他机务繁忙，她常常日夜独守空房。但纵然如此，夫妻感情也还是好的，是深刻的。

但是，婆媳之间，似乎自古便有感情上的芥蒂。仿佛是一种天然的不和，以致在众人的意识当中也成了一种不足为奇的习惯。人与人之间的喜恶时常是没有道理可讲。她是好女子，但她恰恰就是不入焦母的心。被焦母刁难、逼迫，陷入一种难相圆融的状态，也只是一种命线交错的交代。任谁也是无奈。

焦母命令焦仲卿完成休妻一事。焦母说，她心中另有更佳人选，其名曰秦罗敷。她说："东家有贤女，自名秦罗敷。可怜体无比，阿母为汝求。便可速遣之，遣去慎莫留！"只是焦仲卿不肯，他认定了刘兰芝。他知道自己所需所要所爱所心仪的，不是大户的牡丹，不是邻家月季，只是家中这一株清净的海棠。

焦仲卿重情，这是好的。但他懦弱。他以孝道之名，遣送了刘兰芝。虽然别离时刻，他亦是真情流淌，肺腑之言汩汩而出。

他也是不能自主，只是他内心的世界太逼仄，不过方寸天地。容纳不了太多。他的懦弱逼迫他只能顺了母亲，委屈妻子。愚孝也是孝。所以也不能说焦仲卿是多么不好。但他依然笃定言说内心钟情，说他定会再去她家将她迎回。

举言谓新妇，哽咽不能语："我自不驱卿，逼迫有阿母。卿但暂还家，吾今且报府。不久当归还，还必相迎取。以此下心意，慎勿违吾语。"

女子要的不多，有时不过只是一句誓言、一个信念。焦仲卿恰恰给了她一个痴绝至死的理由。她知，这往后的日子，哪怕愁对帘帘空念远，纵然再孤苦，也是有盼望的。

府吏马在前，新妇车在后。隐隐何甸甸，俱会大道口。下马入车中，低头共耳语："誓不相隔卿，且暂还家去。吾今且赴府，不久当还归。誓天不相负！"新妇谓府吏："感君区区怀！君既若见录，不久望君来。君当作磐石，妾当作蒲苇。蒲苇纫如丝，磐石无转移。我有亲父兄，性行暴如雷，恐不任我意，逆以煎我怀。"举手长劳劳，二情同依依。

若是来唱成戏，那这也是一处高潮了。誓言，从来都应该只从灵魂当中渗露出来。所以，它被人们信奉。并且，成为某一些人的生之信仰。女子如是。

焦仲卿说，夫人暂且回家一避，待时机成熟，我定将你迎回来。于此立誓，绝不相违。她听在耳中，疼在心底。两情相悦爱不得的苦，犹如寒雪冰冻，通体而灌。心里不是没有绝望的，只是他一句温情的话说，她便又柔软了去。

她亦对他许下郑重的诺言，来感激他不相弃离的恩情。有一种女子是细小。细小说的是她们玲珑的心。刘兰芝便是这样的女子。他对她有一分好，她便回赠他千万的情。这样的女子，所度之日、所钟之情，一不小心，便会在人眼中看上去变得微贱。这令人异常地伤感。

刘兰芝对焦仲卿说的话字字千金，落在彼此的心中，变成金钿再沉在彼此的感情里。君当作磐石，妾当作蒲苇。蒲苇纫如丝，磐石无转移。还有什么感情能比这四句话更坚决。只是，他们料不到这别后的再相见却是如末世里的重逢，再无下次。

刘兰芝回到娘家之后，任凭兄长力劝，她也不动改嫁的心思。这是她生来做女子最骄傲的一点坚持。但她是弃妇，她的意志被压迫到最低，不会有人理会她内心的疮痍。她的坚韧抵不过家族的逼迫。到底，妥协是唯一的终局。

　　那也是大户人家，是太守的贵公子。"青雀白鹄舫，四角龙子幡。婀娜随风转，金车玉作轮。踯躅青骢马，流苏金镂鞍。赍钱三百万，皆用青丝穿。杂彩三百匹，交广市鲑珍。从人四五百，郁郁登郡门。"

　　但就在这要再嫁的前一日，乾坤大变，一切都没有了余地。焦仲卿听到刘兰芝将改嫁的消息连夜奔往刘家。想不到，再见她时，彼此已经仿佛相隔经年。却又丝毫不曾忘，那彼此之间恒存的温柔流转。他也不是怪她，他只是内心也委屈。说好的事，怎能说变就变了。

　　于是，他才扯出一番决绝的话："贺卿得高迁！磐石方且厚，可以卒千年；蒲苇一时纫，便作旦夕间。卿当日胜贵，吾独向黄泉！"他并不是故意要将她逼到绝路上。他只是自知不能丢了她、失了她、没了她。他只是无措，于是妄言。却不料，那几句话字字如钢针，刺破她的最后一点隐忍操持的心念。瞬间，她破碎如花。

　　她撂下一句"黄泉下相见，勿违今日言"，便转身离开再也不现，消失在了这浑浊的人间。深情总以死亡来句读，用决绝的背离来体证。刘兰芝带着一身的落寞投河自尽。不知，她纵身时心里是否有念头，祈愿自己能有一个好的来世、一段圆满的姻缘。

那一头，他亦已枯槁若猝。知她已离去，他也就再无挂虑和牵念的了。日长人静，独沐月华，每每想起刘兰芝，他的心中便是满满当当的佳人面，犹若杨花浮落，扰攘心中不能安宁。感情从来都不是轻易的，他不知自己为之付出的代价是如此巨大。有生之年，不能相伴，他知道自己也只有随她一同去往孤境绝地，黄泉路上做鸳鸯了。

院里有一棵树，枝向东南。那一年她初嫁过来，他与她也曾吟风弄月于那东南枝之下。那是他们的最初，也成了彼此的终末。自缢于那东南枝上。这是他为她做出的最坚决的选择。

> 厚地高天，堪叹古今情不尽。
> 痴男怨女，可怜风月债难酬。

再来读《孔雀东南飞》的序。序曰："汉末建安中，庐江府小吏焦仲卿妻刘氏，为仲卿母所遣，自誓不嫁。其家逼之，乃投水而死。仲卿闻之，亦自缢于庭树。时人伤之，为诗云尔。"言简意赅。两个相爱的人，被迫离散，然后殉情而亡，闻者哀伤。

作文，因被著者投入感情，所以总会具备意义。无论深刻，或者细微。它都是一种暗中的指引，照亮后来人的路。《孔雀东南飞》是离难里的通光谱。以焦刘之名义，让此时的后生内心感伤又温柔。

犹如，三月里蹀躞而生的陌上花。

18 | 洛神

女子之美，可以美至什么程度？

是"翩若惊鸿，婉若游龙，荣曜秋菊，华茂春松。仿佛兮若轻云之蔽月，飘飖兮若流风之回雪"。是"远而望之，皎若太阳升朝霞；近而察之，灼若芙蕖出渌波"。是"柔情绰态，媚于语言。奇服旷世，骨象应图"。

女子美极大约不能言表。若是可以，那么就应该是此般模样了。曹植于《洛神赋》中写洛神之美时的这些表达就是语言的极致。那这洛神是谁？单是洛水之神，还是有寓意其他？这件事惹得后世争议千年。直至衍生出习惯，将洛神附会，臆想百出。

附会之后的洛神是有指代的。暗暗指代的女子是曹丕之妻甄宓。甄宓是美人，资质不寻常。她处处显殊异，似是有注定，亡后又有文人怜其死之不允，更为她着上诸多色调。于是，成就了她的传奇色彩，以及她与曹植的那一段虚妄的被杜撰出的爱。

大多数的附会皆是文人主观臆测，并无据可考，后世的我们去研究时，亦当在心中保留一个分寸。虽然如此，但此一时，这一处，姑且放下学问规条根据，将她与那几个那人虚实难定的牵绊摊开了看，来做一个柔情似水的臆想者。

彼时，正是三国分天下、金戈铁马时。美人是惨然背景当中唯一的亮色。照进男子心里，不偏不倚，成为最温柔亦极具力量的牵系。当时的美人圈里，"江南有二乔，河北甄氏俏"，甄宓和二乔独领风骚。

甄宓本是袁绍之子袁熙之妻，初嫁袁熙时，袁熙正是雄姿英发。东汉末年大规模内战时，其父袁绍独占冀、青、并、幽四州，实力雄厚。

却不料建安五年（公元 200）的一场官渡之战，表绍大败于曹操。军队主力几近被全歼。于此，袁绍势力一蹶不振。建安七年（公元 202），袁绍抑郁而终，袁家败落。公元 204 年，袁绍所居大本营邺城亦被曹操攻下。

曹操攻下邺城前，早已闻听袁熙之妻资质倾国，是绝色的美人，心有垂涎。于是，曹操暗中嘱咐兵士把守袁府，要保护甄宓。但不料那日曹操长子曹丕闯入了府中。曹操尚未得见甄宓，但他的儿子曹丕已遇见。

《三国演义》第三十三回"曹丕乘乱纳甄氏，郭嘉遗计定辽东"，文中写到甄宓与曹丕这一回初见时道：

> 时操破冀州，丕随父在军中，先领随身军，径投袁绍家，下马拔剑而入。有一将当之曰："丞相有命，诸人不许入绍府。"丕叱退，提剑入后堂。见两个妇人相抱而哭，丕向前欲杀之。忽见红光满目，遂按剑而问曰："汝何人也？"一妇人告曰："妾乃袁将军之妻刘氏也。"丕曰："此女何人？"刘氏曰："此次男袁熙之妻甄氏也。"丕拖此女近前，见披发垢面，丕以衫袖拭其面而观之，见甄氏玉肌花貌，有倾国之色。遂对刘氏曰："吾乃曹丞相之子也。愿保汝家。汝勿忧虑。'"

披发垢面难掩甄宓玉肌花貌。初见这一刻，曹丕就掉进她的深渊里。她是一朵蔷薇花，暗影覆没也难盖风华。他以衫袖拭她面，然后清清定定将她看得入目入心。好一张精致静定的脸。他分明看到一种从未遇见的美对自己做出牵引。他一不小心，沿着她的指引走了下去。

所以，方能见得后来那场戏里曹操的宽容豁达之气。曹丕入府之后，曹操才赶至袁府。

操至绍府门下，问曰："谁曾入此门来？"守将对曰："世子在内。"操唤出责之。刘氏出拜曰："非世子不能保全妾家，愿献甄氏为世子执箕帚。"操教唤出甄氏拜于前。操视之曰："真吾儿妇也？"遂令曹丕纳之。

曹操责曹丕，深藏意蕴。但他不是糊涂人，他一眼看将过去，就能从曹丕眼底挖掘出秘密。袁绍妻刘氏一句"愿献甄氏为世子执箕帚"更令曹操陷入骑虎难下的尴尬。那只虎令他不得不将这心仪多时的女子赐给儿子曹丕。

曹操虽亦爱慕甄宓时日良久，但若是因为一名女子损了父子深情，害了未来雄图霸业，他断然是不会去做。他将一切世事都看进眼里，一切道理也了悟于心。再见甄宓艳绝的容貌时，亦只是神色淡定地轻言一句"真吾儿妇也"。曹操将一切事宜都做得了周全。

至此，甄宓也不过只是水上浮萍，生死辗转听天由命。她与曹丕之间，尚不能论爱。她嫁与他，也就只是命难违，唯有从顺。

话说那一头曹丕的三弟曹植。曹植正青春年少，见大哥带回新嫂，内心自是有好几分喜悦。曹植自幼颖慧，诵读诗、文、辞赋数十万言，出言为论，下笔成章。天赋异禀的人总是性情自由洒然，不为外物束缚。他亦是如此，于是他不掩内心欢喜，见得了嫂嫂真容。

这一瞥，竟是四目相对，曹植羞由心始。她太美，美到曹植那一瞥便觉触了禁忌。爱，是天堑，渊深无底。它的发生，不论人，不论时，不论势，不论万物。只要一瞥，一笑，一言，甚或静默擦肩。

后世人都是猜想者。无人得知曹植内心暗涌走向。虽年少气盛，却亦已有辨识能力。这美人，是嫂嫂，不是待字闺中的小女子。他哪里不知道这一些，他只是太过散漫，处处会泄出秘密。

其兄曹丕又是天生多疑善猜忌。兄弟百出的漏洞更是难躲他的考量。曹植太单薄，总能被他一眼洞穿。连他心底那一点羞涩又劲烈的爱。

但甄宓并无任何作为。这一切都是与她无关的。她凭美貌安身，她以真心立命。她既是嫁了他，自然是从一而终不相负。她甚至知道如何将他爱。既嫁之，则爱之。这才是好女子所为，她以为。于是她处处小心翼翼，为他处理内事。

起初，曹丕痴迷甄宓时，生生将之前的妻妾任氏赶回娘家。甄宓一再阻止，初显妇德。后又多次劝说让曹丕纳妾，颇有樊姬之贤。且她处处带人宽和厚德，对曹操与曹丕之母卞夫人更是竭尽孝道。

她处处都是好，要他怎么不爱极。他就是爱极了这个女子，以至于她稍一顿挫，他便觉要失去。终于，他爱到无法去信任。爱到疯魔。

建安二十五年（公元220年），曹操病逝。曹丕继承父亲得魏王王位和丞相职务。同年十一月，曹丕登基称帝，建立魏国。十二月曹丕迁都洛阳。曹丕称帝后，多时未立皇后。

后宫女子便用尽心计来争夺。此时，除了甄宓，只有贵嫔郭女王有实力问鼎。于是她几次三番在曹丕面前诋言甄宓。她知曹丕太爱甄宓，处处不能放心，亦对其弟曹植心怀猜疑，便大放厥词，陷害甄宓。

加上，曹丕与诸兄弟争夺魏王世子的过程中，郭女王屡出奇谋，为丈夫出谋划策，颇具政治头脑。她对曹丕而言，才是真正的贤内助。于是上了一句"后有谋"。最终，曹丕去洛阳时，是郭女王成功在侧。甄宓却独居邺城，未能随行。

旧时交通闭塞，分居两地必定感情疏离。某一时，他与她之

间已变幻了气场。他日益疏离，她却静定不知。她的心思太纯善，
只是在爱，却不晓世道已更迭。

　　一年多的时间当中，她与曹丕未见一面。直至此时，她方才
看到一些征兆，明白一些道理。他终于对她爱至疯癫亦不爱。曹
丕永远都不能知道，她那一首《塘上行》是写给他的。不是他年
少的兄弟曹植。她从未心易。他放弃了她，连同一点的信任索性
也丢掉。

> 蒲生我池中，其叶何离离。
>
> 傍能行仁义，莫若妾自知。
>
> 众口烁黄金，使君生别离。
>
> 念君去我时，独愁常苦悲。
>
> 想见君颜色，感结伤心脾。
>
> 念君常苦悲，夜夜不能寐。
>
> 莫以豪贤故，弃捐素所爱。
>
> 莫以鱼肉贱，弃捐葱与薤。
>
> 莫以麻枲贱，弃捐菅与蒯。
>
> 出亦复苦愁，入亦复苦愁。
>
> 边地多悲风，树木何翛翛。
>
> 从君独致乐，延年寿千秋。

　　她令人怀想起汉宫秋夜对月长眠的班婕妤。她竟终于沦落至

此地步。她决然不会料到曹丕没有对她倾注在《塘上行》里的情意做出半分感动，回应她的是，赐死的圣谕。她亡时，只有四十岁。他爱她时，轰轰烈烈。他不爱时，亦是决裂得彻彻底底。

至于他，曹植，从来都不应被牵扯进来。纵然他对嫂嫂有爱，那也势必是隐忍藏匿于微处的。

大约是后人怜爱甄宓，总觉若是不能有男子为她续上爱，她的一生看上去太寥落。于是，他们让曹植爱甄宓，"君王不得为天子，半为当时赋洛神"。只是，这被杜撰出来的爱，再深，也不过只是待她死后，作下了一篇《洛神赋》。来缅怀。

> 于是背下陵高，足往神留，遗情想象，顾望怀愁。冀灵体之复形，御轻舟而上溯。浮长川而忘返，思绵绵而增慕，夜耿耿而不寐，沾繁霜而至曙。命仆夫而就驾，吾将归乎东路，揽騑辔以抗策，怅盘桓而不能去。

19 | 铜雀

［小乔，周瑜］

孙郎武略周郎智，相逢便结君臣义。

奇姿联璧烦江东，都与乔家做佳婿。

乔公虽在流离中，门楣喜溢双乘龙。

大乔婷婷小乔媚，秋水并蒂开芙蓉。

二乔虽嫁犹知节，日共诗书自怡悦。

不学分香歌舞儿，铜台夜泣西陵月。

这是明人高启的《过二乔宅》诗。写二乔惟妙惟肖。孙策、周瑜一武一文，大乔、小乔一媚一俏。大乔嫁孙策，花满中庭；周瑜娶小乔，锦香满园。两对璧人矗立在一千多年前的历史黄沙风帷中，煞是惹眼。

话说东汉末年，江南皖城里有一处居所，主人名曰"乔公"。乔公有二女，二女美若天人。两名小女子自幼通达聪颖，资质过人，是远近闻名的大美人。她们本应安居皖城临水照花安稳度日。但天不要美人泯然于众，于是来了周瑜和孙策。

建安四年，孙权长兄孙策带领三千兵马回江东恢复祖业。伴行的是周瑜。二人并肩作战，一举攻克皖城。一双好男儿，看过去，雄姿英发，都是人中英杰。他们自然亦是久闻乔公二女芳名，知道这两个小女子乃别世的花，是美绝的人儿。

他们正当风华正茂。见此一双良人，怎能不心生喜慕？孙策与周瑜商量之后，便遣人礼聘，欲得邀乔公许允。

乔公见此二人来提亲自然心里是喜出望外的。二女此生嫁得如此骁勇英烈正直大作为的男子，乔公当然心意满足。得此一双良婿，一个是雄略过人、威震江东的孙郎，一个是风流倜傥、文武双全的周郎，还有什么好记挂。他当即便应允了两门亲事。于是，有了孙策纳大乔、周瑜娶小乔的良美韵事。郎才女貌，偕成伉俪。

且说大乔与孙策，良缘天妒，二人琴瑟相伴不足三年。孙策迎娶大乔两年之后正值曹操袁绍官渡大战。当孙策准备阴袭许昌以迎汉献帝，从曹操手中接过"挟天子以令诸侯"的权柄时，被许贡的家客所刺杀，死时年仅二十六岁。大乔风华成寡，伶仃一世。

一代佳人最后亦是飘零如草，晚景凄凉。离世于何时，竟不为人知。

> 高唱大江，谁把黄金铸铜雀。
> 方迁乔木，忍抛红豆打流莺。

这是大乔墓旁的对联，有一种流芳的哀怨和凄婉溶在字里面。读来自有某种悲怜心生而出。大乔运命婉舛，相比之下，小乔的运命要平顺、光明许多。

先说周瑜。周瑜，字公瑾，庐江舒县（今安徽庐江）人，人称"美周郎"。东汉末年东吴集团将领。美姿容，精音律，长壮有姿貌，多谋善断，心胸宽广。是绝才男子。建安三年（公元198年），周瑜迎娶小乔。是年，他二十四岁，正是英年风华灼人眼。

周瑜本是珍宝一样的人，小乔也是。这样的珠联璧合似是早已注定，都不能让他们流落旁处惹烟尘。他们就应当彼此照顾、相爱、珍重一世。这样才能让人觉得他们有匹配的生世。所以他们的爱流转于世，被传说，被书写，被记忆，被追念，被重溯，是必定的事情。

良辰讵可待，举世爱无双。她与他的爱的姿态是羞涩内敛却充满力道的。羞涩内敛在于总为旁人道破，他与她却始终不动声色。因他们知，那爱是他们自己的事，与一切妄断猜想都无关。只有相知相惜相敬相守相怜，并无别事。

罗贯中在《三国演义》里有一段与周瑜和小乔有关的精心编排。渲染极具力量。一唱三叹，令人不禁再三流连。话说曹操平定辽东之后，大悦，于是决定建铜雀台以娱晚年优雅光景。后来，曹植给了父亲建议。他说："若建层台，必立三座……中间名铜雀，左为玉龙，右为金凤……更作两条飞桥，横空而上，乃为壮观。"

后来曹操命曹植担当铜雀台建造事宜。铜雀台筑毕，曹植作《铜雀台赋》以庆之。这铜雀台本是曹操自娱的工程，并无甚深意。但罗贯中在《三国演义》第四十二回里借诸葛亮的如簧巧舌将曹植《铜雀台赋》刻意曲解，智激周瑜，成功达成联合孙权破曹操的计划。但这一回的功劳，归根不在诸葛孔明，而在小乔。

话说孙权遣派周瑜约见诸葛亮商议抗曹事宜。虽周瑜决心抗曹，却对联合刘备心存戒备。于是当晚，周瑜见到诸葛亮之后小心翼翼，并未急急显露抗曹本意，以试孔明。岂料，孔明却趁机用上了一计。故意言曹势众，难以抵挡，假意劝瑜降曹，以激之。

孔明曰："愚有一计：并不劳牵羊担酒，纳土献印；亦不须亲自渡江；只须遣一介之使，扁舟送两个人到江上。操一得此两人，百万之众，皆卸甲卷旗而退矣。"瑜曰："用何二人，可退操兵？"孔明曰："江东去此两人，如大木飘一叶，太仓减一粟耳；而操得之，必大喜而去。'瑜又问："果用何二人？"孔明曰："亮居隆中时，即闻操于漳河新造一台，名曰铜雀，极其壮丽；广选天下美女以实其中。操本好色之徒，久闻江东乔公有二女，长曰大乔，次曰小乔，有沉鱼落雁之容，闭月羞花之貌。操曾发誓曰：吾一愿扫平四海，以成帝业；一愿得江东二乔，置之铜雀台，以乐晚年，虽死无恨矣。今虽引百万之众，虎视江南，其实为此二女也。将军何不去寻乔公，以千金买此二女，差人送与曹操，操得二女，称心满意，必班师矣。此范蠡献西施之计，何不速为之？"瑜曰："操欲得二乔，有何证验？"孔明曰："曹操幼子曹植，字子建，下笔成文。操尝命作一赋，名曰《铜雀台赋》。赋中之意，单道他家合为天子，誓取二乔。'"

听闻此事，周瑜大惊。问诸葛亮是否记得《铜雀台赋》内容。于是诸葛亮畅吟而出，又于细微处添油加醋令其真伪杂糅。

> 从明后以嬉游兮，登层台以娱情。
> 见太府之广开兮。观圣德之所营。
> 建高门之嵯峨兮，浮双阙乎太清。
> 立中天之华观兮，连飞阁乎西城。
> 临漳水之长流兮，望园果之滋荣。
> 立双台于左右兮，有玉龙与金凤。
> 揽二乔于东南兮，乐朝夕之与共。
> 俯皇都之宏丽兮，瞰云霞之浮动。
> 欣群才之来萃兮，协飞熊之吉梦。

仰春风之和穆兮，听百鸟之悲鸣。

天云垣其既立兮，家愿得乎双逞。

扬仁化于宇宙兮，尽肃恭于上京。

惟桓文之为盛兮，岂足方乎圣明？

休矣！美矣！惠泽远扬。

翼佐我皇家兮，宁彼四方。

同天地之规量兮，齐日月之辉光。

永贵尊而无极兮，等年寿于东皇。

御龙兮以遨游兮，回鸾驾而周章。

恩化及乎四海兮，嘉物阜而民康。

愿斯台之永固兮，乐终古而未央！

只听诸葛亮着重一句"揽二乔于东南兮，乐朝夕之与共"，气氛当即变了模样。周瑜听罢，果然大怒。

他"离座指北而骂曰：'老贼欺吾太甚！'孔明急起止之曰：'昔单于屡侵疆界，汉天子许以公主和亲，今何惜民间二女乎？'瑜曰：'公有所不知：大乔是孙伯符将军主妇，小乔乃瑜之妻也。'孔明佯作惶恐之状，曰：'亮实不知。失口乱言，死罪！死罪！'瑜曰：'吾与老贼誓不两立！'"

事毕。铜雀台一事，小乔成了最灼眼的风景。她虽依旧不显山不露水，深藏于历史的幽微暗处，却依然得光明于千里之外。她令周瑜爱至肺腑，哪容得旁人臆念。

自然，《三国演义》是小说，所述之事并非与历史本貌不差分毫。这出入是明显的，确实浪漫至极的。人人都爱《三国演义》，除却男儿英姿角逐的热血贲张，那一些倏然掠过的美人佳话更是令人赏心悦目，爱之不已。

三国美人众多，独小乔一帜最为烈艳。

建安十四年（公元 209），周瑜离世。他伴她左右也不过只有十二年。这尘世间，十二年说短不短，说长也不长。一双有心人，朝夕两相对，已是万世修来的福。若是能多一日，一年，十年，那则是天大的恩惠。不求更多，不求一世。

她轻裳拂过他冷却的脸，滴泪如珠玉，落入他眉心，渗进身体里。这爱，也就足够了。

> 铜雀算老瞒安乐窝，卖履晚无聊，
> 一世雄尽，美人亦尽。
>
> 洞庭是夫婿战利品，埋香兹有托，
> 三分鼎亡，抔土不亡。

20 | 娉婷

[绿珠，石崇]

繁华事散逐香尘，流水无情草自春。

日暮东风怨啼鸟，落花犹似坠楼人。

是为唐代大诗人杜牧的《金谷园》诗。繁华往事，已随沉香烟尘飘荡无存；流水无情，野草却年年以碧绿迎春。啼鸟悲鸣，傍晚随着东风声声传来；落花纷纷，恰似那坠楼的绿珠美人。

此诗是杜牧经过当年西晋富豪石崇所筑居的金谷园探幽访古时的兴发感动之作。写的正是绿珠与石崇的故事，有一种日暮的伤感。

杜牧的慨叹远在天边，却又触手可及。因为他的情思当中所显生而出的沉郁绵密又饱满。那种沉郁的气质透过四句诗溢出来。吟诵时，也便有了一种身临其境的幻觉。这种幻觉是迷人的，也是令人焦灼的。仿佛在目睹绿珠纵身跃楼又不可逆转。

有唐人乔知之写诗《绿珠篇》。其人生年不详，大约卒于唐武后神功元年。名以文词，颇有诗才。相传乔知之有一名侍婢名曰窈娘。窈娘姿色天然美好，又能歌善舞，乔知之对她十分宠喜。但不料后来被人所夺。于是，乔知之便作诗，以《绿珠篇》寄情。窈娘见诗即明白乔知之诗中寓意，感慨愤然，于是投井自杀。

当年，绿珠为石崇而死以保全身后名。如今，他便写诗暗示窈娘重步旧辙，以己身殉他情。旧年女子卑微，命途轨迹多不能自主，任凭男子指手画脚，圈圈点点。就连大诗人白居易也曾作诗逼死名妓关盼盼。

乔知之的诗《绿珠篇》的内容，从金谷园始，到金谷园止。字字循着绿珠的步迹，探旧年尘埃，抒哀矜情怀。诗是这样写的：

> 石家金谷重新声，明珠十斛买娉婷。
> 此日可怜君自许，此时可喜得人情。
> 君家闺阁不曾关，常将歌舞借人看。
> 意气雄豪非分理，骄矜势力横相干。
> 辞君去君终不忍，徒劳掩袂伤铅粉。

百年离别在高楼，一代红颜为君尽。

如是，绿珠的一辈子也就压缩成了这十二句诗。《晋书·石崇传》记载："石崇有妓曰绿珠，美而艳。孙秀使人求之，不得，矫诏收崇。崇正宴于楼上，谓绿珠曰：'我今为尔得罪。'绿珠泣曰：'当效死于君前。'因自投于楼下而死。"

石崇是何人。因其人有才，所以史书上说他是西晋的文学家。他亦是官，曾出任南中郎将、荆州刺史。在荆州是"劫远使商客，致富不赀"，多行不义。后来，因其所投靠的淮南王司马允政变失败，其人又与赵王司马伦的心腹孙秀有隙，所以被诬为淮南王司马允的谋反同党，被族诛。家产也被没收。

那一年。石崇为交趾采访使，途经博白地，四下环顾，声色凉薄。却于索然侧目时，惊见绿衣女子匆忙入眼。彼时，她尚只是一抹清雅景致，别无亲近之姿。他惊慕她倾城美貌。纵然也是霸道惯了，但这一回，他心里却是温驯如年少。只听一声怦然，心虽已动，却不敢妄然抢了就走。

女子叫绿珠。此地是白州博白地，博白有山，山上有池塘，池里有婢妾鱼。她出生地双脚山以珍珠为宝，故生男取名"珠儿"，生女便取名"珠娘"。她喜绿裳，于是被唤作"绿珠"。

石崇本可以强抢夺走她，因他素来横行，出任荆州刺史时，全无道理可讲。但此时，他没有这样对待她。他给了她三斛珍珠。十斗为一斛，南宋末年改为五斗为一斛。所以三斛珍珠也就是三十斗珍珠，这对绿珠来说应当是非比寻常的一笔财富了。如此，这对石崇来说，已是仁至义尽。她是定要跟他走的。

彼时，她看他，大约仍是隔着山隔着水隔着千百世擦肩的陌生。但她到底是跟着他走了。是缘。人与人之间的遥远、擦肩、相遇、错失，都是遵循着彼此命理的一些路数。既已有了关联，也就是逃脱不掉的羁绊。

他与她的遇见，亦是如张爱玲那一句话说的：于千万人之中，遇见你要遇见的人。于千万年之中，时间无涯的荒野里，没有早一步，也没有迟一步。是恰好的。

恰好他于双角山下歇脚。恰好她娉婷步来。恰好他侧过目她迎上去。恰好她掉入他匿蔽多年的温驯里。恰好他有了一回笃定的心意要将她包容。

石崇筑有金谷园。金谷园位于旧时洛阳城郊金谷渊山涧。西晋时，其繁丽盛名天下皆晓。它非是江南林园，小家碧玉般倚立在地面上。它是大气宏伟的。北魏时郦道元所著《水经注》上说它："清泉茂树，众果竹柏，药草蔽翳。"此非虚言。园中亭台楼榭，山水涓流，葱郁绿地，百花千树。

为了绿珠，石崇为她建了百丈高的"崇绮楼"，说它高，高到站在楼里仿佛可"极目南天"。筑楼的意义不过只是为慰绿珠思乡之寂寥。是穷奢极丽的一座楼。为了她，散尽资财他也甘愿。仿佛，他确是爱她的。

石崇虽为人蛮野奸猾却也颇有才华。他常宴请当时的文人名士，比如左思，比如潘岳。并且，石崇还与左思、潘岳在内的二十四名文士结成诗社，号称"金谷二十四友"。也因此，可知石崇，也不是胸无点墨的浮华浪荡子。能与当时名士交往笃厚，他当然也是颇有才思的。他还曾在金谷会上作下《金谷诗序》。

每逢宴客，石崇定会让绿珠歌舞助兴。于是，她的绝色芳容袅娜曼妙，便被诸多文士印刻到心里，传播到千里。绿珠美名也就慢慢荡开来。

虽如此，但绿珠与石崇之间，感情是沉潜在浮华琉璃电光幻影之下的。他们之间的感情看似浅薄，实则比大多数人的都深刻。因为他们之间会恒存一种依赖，是建立在一种带给彼此生命体悟基础之上。

她从他身上得到的是一种生机。

他从她身上得到的是一种归宿。

后来，绿珠被小人窥见。也是从这一刻开始，她的命盘被转动，转向黑暗深渊。小人名叫孙秀。其人狡黠无德。垂涎绿珠亦是时久。早年，石崇与孙秀好友潘岳结下宿怨。后来，孙秀投靠赵王司马伦，而潘岳一干人投靠淮南王司马允。

却不料后来淮南王司马允政变失败，而赵王司马伦作乱得势。于是孙秀便骄横嚣张一时。后来他便派人向石崇索要绿珠。石崇叫出数十名"蕴兰麝、被绮罗"的美人让使者挑选。使者却说"受命只索绿珠"，非得绿珠不可。

但是石崇严词拒绝了孙秀的使者。这是他身为一个男人理应做出来的回应。岂能让自己的女人被别人轻易便夺了去。爱情当中，男子理应担当起保护爱人的责任。这是毫无道理可讲的事情。

但这一拒，石崇自知祸难已及，逃脱不掉的劫，度不过去的劫。果然，孙秀索要绿珠无果，大怒。盛怒之下他便在赵王面前诬陷石崇与潘岳是同党，皆为司马允的党羽。于是司马伦下诏诛杀了石崇。

后来孙秀派强兵攻闯金谷园。彼时，强兵临下，他正与她执手笙歌。但见孙秀恶猛的势头，石崇自知已经没有活路。于是对绿珠说:"我今为汝获罪矣!子将奈何?"绿珠一听,肝胆俱碎。她知,他这是将她逼迫到悬崖,问她是洁身随他死,还是损身离他生。只听绿珠泣涕涟涟道一句:"君既为妾获罪,妾敢负君?请先效死于君前。"便纵身跃下百丈崇绮楼。以一死来报他恩宠。

憾的是,这一双人死后不足十数日,赵王司马伦败,将军赵泉斩孙秀于中书。晋惠帝复又即位。石崇情深,绿珠以死句读。胭脂泪,离人醉。又见《红楼梦》里林黛玉作《五美吟》,绿珠为一美。于此处,引下这首林黛玉写绿珠诗。记绿珠。

瓦砾明珠一例抛,何曾石尉重娇娆。
都缘顽福前生造,更有同归慰寂寥。

繁华事散,香尘落定。君不记,那亭前红芍,我曾斜插鬓边,在你眼下幽幽走过。君不记,你执过我的手,穿过那温柔的一花一草一树一木。君不记,你我死后,要在海棠花下聚。

闲品五

——

犹为离人照落花

21 | 蝶生

[祝英台，梁山伯]

读《梁祝》的故事，总觉心如溪水缓缓迂回。心里是有一块明净之地的，用来盛放混沌人间已不可得的爱情理想。爱情理想里的壮阔、静美，义无反顾和至死不渝。若爱不得出路，不如化蝶离飞。爱至如此坚贞顽绝，也是生世无憾了。

> 草色花光小院明，短墙飞过势便轻。
>
> 红枝袅袅如无力，粉翅高高别有情。
>
> 俗说义妻衣化状，书称傲吏梦彰名。
>
> 四时羡尔寻芳去，长傍佳人襟袖行。

这是唐诗人罗邺所作的一首诗，题为《蛱蝶》。它是迄今唐诗当中唯一与《梁祝》传说有关的诗，亦是至今发现的最早反映《梁祝》传说的古诗词。它第一次写出了梁祝"化蝶"的归局里哀之不尽的凄然，伤进骨子里的爱情印象。

那一年，是吉祥和瑞的好时间。地主祝家诞下一女，冰肌雪肤，温润如玉，英姿洒然，眉心有光。祝员外为她取名"英台"，倾心护爱。后来，她长得大了些，成了水灵灵的美人，惹人注目。无奈她一颗纸墨心，爱极了念书的事情。

祝父见女儿日日倚栏孤寂寂，心下不忍，便决心成全她满腔纸墨心思。终于，那一日，她得到双亲许可，和丫鬟女扮男装，携着书箱，辞别了双亲，启程去往杭州城。都说杭州好地方，果不其然，她见这里地灵人杰，处处是安宁团和之气，便深觉这是个能读好书的地方。彼时，恰是三月阳春，好景当头。

学馆设于尼山上，岂料投馆一日，至山脚遇倾盆大雨。于是丫鬟银心牵着小姐的手躲进尼山脚下的草亭里。于是，命盘转动，流年暗潜。仿佛她只为遇见他。他也带着书童四九来避雨，只见他生得眉清目秀，好一个俊俏少年郎。她被他看在眼里，也是柔美顺目的"好少年"，心里好生欢喜。人静人静，雨中两只花影。

在下梁山伯。山水之山，伯仲之伯。亦是投往尼山经馆求学。梁山伯，这名字听上去就有一种天然的热络情分，她悄悄记在心底。一眼看过去的亲近已是不可多得的缘分，她事事珍重，处处倾心。小弟祝英台，家中就剩兄弟一人，所谓独生孤儿。

张恨水有小说《梁山伯与祝英台》，至此处，他写：

> 正说到这里，只见黑云遮盖的地方，两道电光由云里钻出。……好在电光所射的时间尚短，一闪就过去。但电光虽过，雷声便来。只听见霹雳一声，哗啦啦直响。这样雷电交作，有十余次，那大雨便来。看那雨的来势，有如密挂珍珠帘子一般，由近而远，那些田园屋舍，有些模糊，越远模糊越厉害，顶远的地方，模糊一片，田园屋舍都看不见。

是成心的。这老天成心让这双人在这雨里植下种，牵住彼此。好让他时，彼此有手足羁联的亲近。她与他交谈甚欢，初见已如暌违数年的故人来，道心道情道意。执手相望是缘遇的好情分，各自都持有珍重之心。彼此这般得心意，不如柳荫结拜，做兄弟。

那场景当中是宿命里密密麻麻的针脚，编织的蔷薇纪年。相识那年，梁山伯一十八，祝英台一十七。正是风华正茂光芒四溢时。而梁山伯和祝英台亦是从这里入了世人的眼，演出了一场浩浩荡荡生死相随生世不离的感情大戏。

三年，已三年。亲密无间，相伴甚悦。也不知是从哪日动了那心思，她不管不顾地爱上近在咫尺的俊才兄长。他的和善、稳重、通达、智慧，气宇轩昂，处处惹她撩春心。她是爱，却爱得躲躲藏藏、羞赧不已。她自是谨慎的好女子，尚记得"兄弟"身份。若不是那一日得家书见信里说祝母思女心切卧病在床，她怕是也得不到勇气去抓下圈住他的机会。

她要走，他知无所措。他只是心知彼此之间的感情有羁绊，不是亲兄弟胜似亲兄弟。人与人之间的感情浓极便成风景，不是赏心悦目便是感天动地。无奈他始终不知她的心意，他与她朝夕相对，"兄弟"相待，哪里能想到这朝朝暮暮相对的亲近人是女儿身，是水芙蓉。他只是不舍。那不舍当中的情意又不止一处两处的亲密与热络。

一别不知复见时，她本想托出一颗水晶心，却怕惊到他。清丽古潭水，对我照玉颜。诗情不容己，随流杨枝攀。开怀美貌俊，清风垂髫鬟。临歧惊一笑，何为淡淡山？她此般说话，他仍旧不能懂。密枝出高林，浓荫赛空谷。上有喜鹊鸣，喳喳悦心目。莫非好风迎，佩之昆山玉。吾俩莫迟延，然彼金莲烛。无奈，她唯有植下一谎，她是定要让他明白的。

于是，她道："弟家有一九妹，愿结丝萝，不知梁兄尊意如何？""与君为新婚，兔丝附女萝。"兔丝和女萝是两种蔓生植物，其茎蔓总互相牵缠。《文选》五臣注："兔丝女萝并草，有蔓而密，言结婚情如此。"她是在替自己向他求婚，以杜撰出的"九妹"名义。他没有不应之理，他说："贤弟为兄作媒，焉有不愿之理。"

　　她又说，小九妹，与我孪生，一般样貌。"且知书识字，与弟在外求师，简直没有分别。弟既应允了，犹如九妹当面许婚一样。"至此时，他方才有些微领悟。怔怔望着面前这隐有女姿的亲近人，不禁胸中情意汹涌。他自知，他与"九妹"亦会是不解良缘。那日，十八里长亭相送，水流沙浅，草乱鹅浮，这双人，执手相看泪眼，竟无语凝噎。

　　　　　花谢花开无时尽，年年花间觅仙踪。

　　　　　瑶池泪洒化蝶恨，天上人间侬伴君。

　　　　　此生不与知音共，朝朝暮暮掩愁容。

　　　　　同窗早已心相许，楼台再会诉衷情。

　　　　　可怜十八送别时，君岂知侬是女儿身，未解侬痴情。

　　是夜，梁山伯竟夜梦九妹。他看到，九妹与祝英台别无两样，秀美、清丽、婉然淡定。他突然很是感动，内心充满相见恨晚的感动，仿佛二人早已相爱许多年。这份突然的心意，细想之下远不止是一见倾心。他尚不知道，这份情意正是从他与祝英台之间繁生而来的。

　　待次日他去寻"九妹"拜别经馆师父师娘时，他终于得知真相。"九妹"即是朝夕相对的亲近人。这番，他才将往日点滴串联回想得细致入微，内心感动情意翻江倒海，将他覆没完全。霎时，他幡然明白了一些道理。他知，这一世，他梁山伯再容不下别的女子了。这是命中注定的缘。

那日梁山伯约见九妹，相见那刻，一切折复霎时被熨平，没有羞赧，没有尴尬，有的只是拨开云雾见明月的豁然开朗，和从身体里溢出来的温暖。到这个时候，这双人才把渺渺姻缘定。有一些人总要穿过千山万水的流离、暗影、艰辛、劫难，才能获见彼此之间的情意缠绵与绮丽。

可是，所有的传奇都是跌宕、不完满的，一再被曲折。似是要以曲折来动人，来刻骨铭心，来传千百世。于是有了马文才的现世。祝父入世太深，穷酸的梁山伯绝不能入他的眼。他坚决不让独女嫁给清贫的梁山伯。他是她的父，对她不是不爱，只那爱太主观，并且不得要领。所以祝英台与梁山伯的这段情，生生地被祝父折断。

祝英台有祝英台的爱情，祝员外有祝员外的道理。谁都没有错。而事情的结果便是，祝英台不得不在父亲的逼迫下，别嫁马文财。

可怜梁山伯被拒之门外，潦倒而返。他这一世本无什么冀望，在遇见她之间，生命始终低矮阴暗，虽沉稳却不见一点光芒。他仿佛是在幽暗隧道当中摸索的孤独旅人，难得有光照耀，却是转瞬即逝，生生被旁物阻隔。再不见起色。自此，他竟一病不起，并终悒悒而亡。

一生一世，不离不弃。这承诺你终无法信守。你虽然失信在前，我依旧生死相随。祝英台听到梁山伯的死，只淡然一笑便走进马文才的花轿。所有的事她已经心中有数，这一生，她也已经看得清清透透。她不是去别嫁，她是去寻死。

从来没有一个人，如他一般让她触摸到生命的清奇骨骼和脉络。他是她生命里的突破口。如今被堵上，哪里还能有希望。有一些女子，贞烈如真理，一生只求静满之好。若是不得，也甘愿为玉碎，不为瓦全。绝不可亵渎。

殉情的方式太多，她选择的是最蚀骨的一种。

那日，她不哭不闹，心平气和坐进别嫁的花轿。顺应父命是情分，化蝶双飞才是真意。君死何忍我独存。只见一行人行至梁山伯坟前，瞬时天色大变。飞沙走石，雷鸣电闪。她便缓缓从落定的轿里走出，面色不紊地走到坟前。然后。她跪倒在地，墓为她开。

一望，她纵身一跃不迟疑，生生世世不分离。

再望，那碧草青青花盛开，彩蝶双双久徘徊。

温柔两生作蝶化。
蔷薇架上蔷薇花。

22 | 初尘

［红拂，李靖］

唐伯虎写过一首诗，叫《红拂妓图》。

> 杨家红拂识英雄，着帽宵奔李卫公。
> 莫道英雄今没有，谁人看在眼睛中。

隐于暗处的女子身子里有旁人察觉不出的能量。一切强弱、善恶、美丑、泰定或不安、平顺或混乱、安洁或黢浊，都被看入眼里，投进心里。比如，红拂巨眼识穷途，得爱大丈夫。

关于《红拂夜奔》的故事自小便听人反复讲说。彼时，因年纪尚小，内心事事尚不周全，只记得她是一名仗义女侠。飒爽果决。至于红拂身体里所隐藏的更多的力量与秘密我并不能获知。也不能领会她的爱恨情愁里的悲慈与智慧。我以为，她只是江湖里独来独往的一朵罂粟。曾经。

后来，读到林黛玉在《红楼梦》里写的那组诗叫作《五美吟》的诗。她说了西施、虞姬、明妃、绿珠、红拂五名女子。题红拂的那一首是这样写的："长揖雄谈态自殊，美人巨眼识穷途。尸居余气杨公幕，岂得羁縻女丈夫。"前面四名女子和红拂放在一起，明硬之气锐减，漫出来的气场亦忧弱哀伤了许多。

红拂，本名唤作张出尘，是江南女子。但因南朝战乱，后随双亲流落至长安城。生活极端窘困之时，姿容俏丽的红拂，被迫沦落风尘去讨生活。哪有女子会甘愿，若是俯首低眉，甘心靠拢声色，那么内心隐忍之痛必是常人所不能企及的。她若是还有好的念想，那么首先，她得活下来，亦得让老朽双亲活下来。

但是红拂到底仍旧不是寻常的烟花女子。没有人知道她喜读前朝史文兵书与战策，心中对自己自有恪求。风尘欢场断然不能成为她的归宿，她心里时刻记着这一条。于是她寻得一切机会向别处走，并最终辗转来到司空杨素府里做侍婢。因手执红色拂尘，后被人唤作红拂女。

而另一处，那个男人正在涉过漫漫烟水往她身靠近。这是彼此之间灵犀一点的默契。虽此时尚未出水而露，却早已在冥冥当中，为两人牵引聚首。只待良辰。

那时，三原县的李靖通兵法谋略，文武双全，心怀大志。隋朝建国之后，他前往长安，寻路报国。到长安之后，他欲投到杨素门下。但此时的杨素年岁已沧，唯想依红偎翠闲云野鹤安度晚年，早无志向。虽然杨素看得出李靖的心诚意坦与满腔热忱，但也只能赞他一句之后便将他淡淡地打发回去。

李靖不是能就此甘心安稳度日的。他天生就是作这乱世刀光剑影里的英雄的。李靖出生于官宦之家，世代为官。隋名将韩擒虎是他的舅舅。自幼他的军事才智便十分突出，加上他进取心十足，勤操武练，长得仪表魁伟。韩擒虎曾称赞外甥李靖道"可与论孙、吴之术者，惟斯人矣"。他大约也是自知有王佐之才，于是，亦绝不愿耽于平庸，将己埋没。

就是这一回。她一眼认定他。有一些人彼此之间是具备磁场的。那磁场力亦是强大不可遏制的。稍稍一牵引，红拂一眼看穿了李靖被阴霾的光阴雪藏起来的王佐之才。她也一眼认定了他是她掌纹流转的背后所暗喻的后一半归宿。她分毫没有被别处的春光氲染了眼。有一些人，往往确认彼此的时间只需要一刹那。

红拂女是聪明、决绝、心思缜密并且智虑长远的极品女子。她知道在何时做出何样的选择与举动。在她看见杨素成全了沦落为他的十四侍婢之一的陈后主之妹乐昌公主与丈夫的破镜重圆的约定时，她就知道总要有一回，被成全的事情将轮到她去做。那么，事不宜迟，就是这一日。于是，她断然决定当日夜奔李靖。

关于这一段，冯梦龙的《智囊全集》有一处记载。"靖归逆旅，其夜五更初，忽闻叩门而声低者，靖启视，则紫衣纱帽人，杖一囊，问之，曰：'杨家红拂妓也。'延入，脱衣去帽，遽向靖拜，靖惊答之，再叩来意，曰：'妾侍杨司空久，阅天下之人多矣，无如公者，故来相就耳。'"

她是这样认定他，于是她知道，这一回她定然不能错失了他，因有时，一错失，永不再来，一别即是永远。他就是她托付终身的乔木，一点不错。红拂容色倾城亦心怀抱负。

李靖"观其肌肤仪状、言辞气语，真天人也，靖不自意获之。愈喜愈惧，万虑不安，而窥户者无停履"。彼时，他尚前途未卜，她并不能从他处迅即得到分毫。她来追随他，别无贪图，只求真心一枚。李靖英明睿智，自然分辨得出城府心计与一枚真心的区别。

壮志未酬的男人最孤独。李靖心里必然因她宽慰。得此红颜，他理应心里俱足。她将自己赠与他，赠与的还有砥砺。于是他义无反顾地收留了她。当晚两人便解得鸾佩入得红绡结发为夫妻。果断决然。

红拂在杨府的遽然消失当然会引起风波。所以《智囊全集》又记，"数日，亦闻追讨之声，意亦非峻。乃雄服乘马，排闼而去，将归太原"。

杨素追捕红拂是形式。派人四处追索红拂女下落不过草草过场的戏码，擒红拂已非杨素本心。他需要自圆其场。他会有心放掉红拂，这一点早已被红拂预料在心。所以她行事时，自是更加稳笃。

自然，纵红拂有料事蕙智，但若失了杨素的容谅，她依然不能得其心之所望。因此，她内心对杨素想必是有一些恩重之心的。因他的宽谅容宠，她才能得自由，得真爱。而杨素此一刻的庄重稳妥，也为他自己添了几分柔情的血肉。可感可触，令人赞赏。

这一场夜奔的意义对于红拂这名曾沦落烟尘的女子，何等郑重肃穆。而至于她对于李靖的情意，此处已无须斟酌。它显然足以担待起她的生命之重。再没有比这更重的了吧。十指相扣闯天涯，是这一对风尘侠侣的映照。在波澜壮阔的天地里，一对亮烈的芒线穿越山川河流，抵达生命的远处。

诗词作品当中涉及红拂的数量并不多，但就只是这零星几首却足足将她推入人眼，不能被漠视。她自有一种摄人的气场沉在历史当中，被编织进文字里供后世观阅。仿佛，她一早就候在那里，等下一次的遇见。

乱世出英雄。后来，李靖重新投奔了反隋的李渊。李渊父子起兵后，李靖显示了他的军事才能，帮李渊父子平定江南，建立了大唐。并攻打突厥，活捉颉利可汗，被封为卫国公。

"……尚书仆射代国公靖，器识恢宏，风度冲邈，早申期遇，夙投忠款，宣力运始，效绩边隅，南定荆扬，北清沙塞，皇威远畅，功业有成。"这是唐太宗评价的话。他终于将自己的才，发挥到极致。他是成功的男人，当立为后世榜样。而她，红拂，则成了一品诰命夫人。

人生如大戏，你唱罢来我登场。一场一场又一场。而这一出，唱来唱去，到最后竟只有这红拂女抢尽风头。情景如是，真好比李商隐的那一句"月中霜里斗婵娟"。在这场爱情戏里，她就是一盏月。

但在这一段爱情里，李靖这个男人是如何自处的这一点太重要。如若他少去一点刚直，或者少去一点忠诚，或者少去一点执着，或者少去一点感性，或者少去一点冲动。她区区一个弱女子又如何能将这场戏唱得如此出彩。水袖甩开尽落尘埃。她低眉敛目得尽喝彩，然后悄悄跟着她的男人离开了舞台。

她的慧眼是得了他的温柔才能变得红光满场。妙目生烟霞，清瘦减梅花。此生与君老，红拂手中葩。她与他的爱情，破釜沉舟尽得温柔。好富有。

23 | 鸳鸯

[高阳公主，辩机和尚]

> 她出场时，金风呼啸，如凤如凰。
> 他行过时，木风草海，如水静默。

　　他们本是两个世界的人。她骄嚣，他内敛。她肆意，他性笃。她明朗洒然，他忧郁沉稳。但她偏偏执迷于探寻他的另一个世界尽头。

　　他是她所未曾遇到过的美好。博学，干净，纯真，执着，豁然，深达。他如同一片青空、一片蓝海。他，深入她心，销魂蚀骨。他令她醒悟了太多世事本真。他令她爱到不顾一切、不能回头。他是她的辩机和尚，她却是别人的高阳公主。

　　她，高阳公主，唐太宗李世民的第十七女。皇帝赐名，高阳。

高阳日照，凝然耀世。如此亮烈大气的名字，是一种象征，亦有皇帝的饱满冀望。自然看得出，她备受唐太宗宠爱。所以她本可以有所顾念地富贵繁艳一生。但她偏不，她无所顾忌。

她的丈夫是大唐名臣房玄龄次子房遗爱。这一桩亲事，唐太宗是出于自己对高阳公主宠爱才选定的。房玄龄德高望重，是大唐的开国宰相，是当朝中书令，亦是唐太宗的左膀右臂。唐太宗将最得宠的女儿许配给房玄龄的儿子在外人看来本应是一桩皆大欢喜的好事。

这是旁人的以为，是唐太宗的以为，是房玄龄的以为。却不是房遗爱的，更不是高阳公主的。房遗爱人如其名，生性拖沓武断，空有一身蛮力。《新唐书·列传第二十一》记"次子遗爱，诞率无学，有武力"。是一个乏味空洞的人，不为高阳公主所喜。

他不能得她心，甚至连身也不能。洞房夜后，她不让他再亲近自己。有一种女人是极端。她会有感情洁癖，这令她无法容忍自己与一个不爱的男人同床共枕。高阳公主是这样的女子，果决，偏激。她不准他近身，却令自己坠落深蓝大海。

彼时，高阳公主只有十五岁。生活里处处都是无爱的寂静。她独自一人，无处可逃。但她知，定有一男子，能将她救出这沼泽。而事实证明，高阳公主的笃定和坚持是正确的。因为，果真有这样的男子。他初露相时，已是不寻常。他叫辩机，他是和尚。

那一回，她纵马郊外游乐。房遗爱伴行。彼此都知道这是形式，心无所系。他们这是去终南山打猎。房遗爱始终希望自己能有一日入了她的眼，于是出身武将的他在这骑马打猎的事情上费尽心机，想博得她一点好感。但不得。

途中，高阳公主身体疲惫，在房遗爱的带领下来到山中一处人迹罕至的草庵。房遗爱告诉她，这是一个青年学士的修行居所。简单清净。高阳公主看得出，这所草庵自有一种尘世之上的清新气质。她喜欢这里。

房遗爱，一个不知道如何去争取爱的男人。房遗爱不知正是这一回，他彻底地被高阳公主隔绝在心外。这是命运跟他开的玩笑。他毫无办法。因为，是他将辩机引到了她的面前。

辩机从草庵轻缓地踱步而出，手中执一册泛黄的书。眼睛里是一汪淡泊的如兰清水。芝兰玉树，大约形容的就是这样超然脱尘的男子。她一眼看过去，便丢了魂魄，不知所向。只是木然地跟随着他走进草庵，心无挂虑，只有眼前人。这一幕，房遗爱看在眼中，痛在心底。

后来的事情，发展得出乎所有的人意料。甚至高阳公主自己也没有想到。这一年，她十六岁，却似干涸多年的深闺女子。他是她的汪洋，不作为亦已满了她的心。有一些爱，被蓄势太久，发生时，势如山崩地裂，太过凶猛。

高阳公主爱辩机和尚。辩机大约始终是推脱的。他是出家人，少怀高蹈之节。红尘爱事犹若浮云尘埃，他早已参透了这一些欢愉的表象。只是，他尚未亲自去体悟个中喜悦与酸楚。他大约也是逃避当中有些微期待的。

于是，一场不伦的爱，于暗处被他们在竭力纠结地演绎着。她热爱他超脱的眼神、卓越的智慧、悲悯天下的情怀。他对她亦是不想旁人的顾虑，他当她是常人，温柔也随意。不虚伪，不造作，不唯唯诺诺。这是她所需要和爱的。

高阳公主喜浪漫。她爱的男子一定是才华横溢、满腹经纶。这一些辩机都有，房遗爱却无。辩机十五岁剃度出家，隶名坐落在长安城西南隅永阳坊的大总持寺，为著名法师道岳的弟子。后来道岳法师被任为普光寺寺主，辩机则改住位于长安城西北金城坊的会昌寺。十年如一日，他潜心习佛。风韵高朗，文采斐然。

后来他更是被玄奘法师选中，在长安弘福寺的译场成为缀文大德。彼时他也不过二十六岁。他译出了如《佛地经》等许多经典佛经，并参与撰写珍书《大唐西域记》。如此才力夐绝的男子，怎能让高阳公主不爱。高阳公主的生活因他、因爱变得欢悦不已。

这一些房遗爱都是知道的。他之所以不得高阳公主所喜亦是有根柢的。这在于他天性里的无节制的卑微自毁。他不但不阻止妻子的红杏出墙，反而助之。高阳公主以赠美艳的丫鬟、宫女作为回报。她与他成了世上最陌生、最惨然的夫妻。

而正是辩机被选中入译场的这一年，辩机与高阳公主有了分离。辩机作为译经人，需要在弘福寺里长住。这样一来，与高阳公主见面的机会自然十分少。因此，高阳公主在辩机临行时将自己的玉枕赠给辩机当作信物。岂料，这一别，一梦三四年。

亦因那一枚玉枕，割绝了高阳公主与辩机之间难得的那一点羁绊。它让他死，让她不生也得生。事事都是注定的。她与他注定只能在这红尘里，各自凛冽，错落。

不知将那玉枕盗出的贼是否真的有意。只是当它将玉枕偷出再被官府抓住的时候，高阳与辩机之间一切隐秘的、隐忍的、隐没于世的小心翼翼都被公布于众。这一段私情经不住一轮又一轮的审讯，到底是大白于天下。

彼时，唐太宗听闻此事之后，怒发冲冠，当即下令腰斩辩机。他不带一点尘土，坠于世上。因不忍，侧目那一株红，耽误了圆满的时机。竟以一颗明净心换得一场污浊祭祀。他死时，形容凄惨，却兀自有一种安和永宁的相。这是他的终局，他的一生一世。

唐太宗是爱女的。只是，这一回，他以此爱弑彼爱。折断了女儿高阳公主在这尘世里最饱满的爱之期许与温存。她的灵魂、希望，与他的身体一起被腰斩而亡。毫无余地。

后来，人说高阳公主自此声色犬马，醉生梦死，荒淫堕落。甚至，公开纳其他和尚为面首，秽乱春宫。半年后，唐太宗也去世。至此，这世上，她断了所有牵挂，再无顾念。她决计以最惨烈的方式来一回轰轰烈烈的祭祀。为辩机，为死去的爱情，为她永不再回的过往。

她与房氏兄弟意图谋反。政变未遂，遭到政治清洗，被处死。高阳公主在悬上白绫的那一刻，心中定是无惧的。她只是在以最绝望的方式来为他祭祀。无爱的苟且的生都不怕，果决的畅快的死又有何惧。

因她知道，此生，历经了他，再无什么遗憾了。

> 他是她的人间四月天，
> 早已让她这一世，
> 花开一树又一树。

24 | 来世

[聂小倩，宁采臣]

她是聂小倩。一袭白衣，若缕似仙。清媚容颜，长发满辉。孤独深入骨髓。眉心处、瞳深处、皮肤上、面颊上，都是寂寞痕迹。这样的女子，天然便有一种妖冶跟疏离。自然不是常人可靠近的。

金华城北有座废弃寺庙。蒲松龄的《聊斋志异》里，这座寺庙有一个清婉的名，叫"兰若寺"。清雅若小家碧玉式的好名字。因为名字好，于是便更显一份妖媚和恶毒。它不是寻常的寺庙，因它四周满满遍布荒冢，阴气逼人。聂小倩，正是墓地里的女鬼。

小说里写"小倩，姓聂氏，十八夭殂，葬于寺侧，被妖物威胁，历役贱务，觍颜向人，实非所乐"。她十八岁就病死，后来葬在兰若寺北边的墓地里。因生得太美，便被妖物胁迫，做尽伤天害理的事。作恶非她所愿。自然，若非是她本性纯良，那一日的他，也未必能就那么轻易便脱了身。

人与人之间，或者人与鬼之间，本无根本的区别。感情的事情，本就是生死相随的。世间唯一可以穿越生死的，怕是只有爱了。

那一回，他恰过金华。到城北时天色已暗，忽见一座废寺，城中恰逢学使来主持考试，房舍租金都很高，所以他便决定解装安宿一夜。寺庙虽旧损，但难免仍有一屋，扃键如新。入住在先的人正是降魔者燕赤霞。

宁采臣不知，这一夜对他来说，是人生的翻折。从未遇见的极恶，从未得到的极喜。都因那女子，才有了延展。总有一个人，能够牵动你的一生。之于宁采臣，聂小倩便是那个人。也不是人，是只女鬼而已。

是夜。月明高洁，清光似水，宁采臣与燕赤霞促膝殿廊，各展姓字。熟识之后也就回了屋子早早躺下。却不想深夜听到屋外窸窣声不止，再细听，竟是两名妇人在说话。也不能听得太清，但他听到她的名。小倩。说她美若画里人。

他不知，她是要来害他的鬼。屋外声音未断，便见有妙龄小女子走进来。仿佛是特地寻他而来，望他的目光里有一种笃定。却架不住他的沉默不语，眼神里便恍然多出了一些犹疑不定的温柔。她一如往常来引诱他，但不料他果真是个不迷财色的清定人。她大约也是太久没有遇见如此温善的男子了。忽地，心里就有了恻隐之心。

她知道，自己是害不成他了。这当中怕是也留有她的于心不忍吧。他不是恶人，生性当中就是纯良如婴的珍贵。她不舍得。

离去时，也就是那么一瞬。似走非走地去了，空余他木然回忆着彼时她全然不顾女子贞洁的媚态和那神色当中倏忽的进退两难。次日，他便听说隔壁有名来自兰溪带着一名仆人来考试的书生暴毙于寝。二人死状恐怖，脚心有孔，是被锥状物所刺导致，尚有细血淌出。后来燕赤霞说这是鬼魅所为，宁采臣却不以为然。

他只知，不做亏心事，不怕鬼敲门。来找他的鬼，生前也定不会是大奸大恶的人。他凡事都心存善德，存好心，做好事。世事都不会看得太坏。人、鬼在他心里也并无区别。

这一夜，她又来找他。这一回，她是神态端然，像极大家庭里走出的小姐。他看她，看得出几分优雅淡定。他也就知道，这女子不是恶人。对他似乎已有几分温柔相待的情分。自那一夜害他未遂，她心里便隐隐埋下一些莫可名状的感触。

她本以为世间男子，都是财色痴徒。她是做鬼做得太久了，久到残存的那一点温热也将尽。是他那一颗坚毅、镇定、狷介的心触动了她。她幡然之间便对人间被遗忘的道理有了醒悟。她想，她或许还有机会做回生前那个简静纯良的小女子。

　　于是，她又来寻到他，跟他说出郁积心底好久的一些话。她对他坦白，是因为彼时心中已经有了隐隐之爱。这爱细微却绵长。自发生时起，便不能回头。她知他无惧，于是将真相和盘托出，告诉他自己的身世不过是个女鬼。也告诉他如何防身。

　　她说，如今寺中已无可杀之人，今夜鬼夜叉恐怕会来找上你。她说燕赤霞是奇人，与他同住，方可免灾。临别前，她再一次回转过身，欲言又止。一切细微情动都被他看在眼中，他的知觉亦被她牵动，他终于明白，他们这一来一往之间，有一些东西便不再一样。

　　终于，她还是重新开了口。她是想要他带她走。"妾堕玄海，求岸不得。郎君义气干云，必能拔生救苦。倘肯囊妾朽骨，归葬安宅，不啻再造。"她说，坠落苦难深海，周身是永不见光的黑暗，她知道他便是自己百世没有寻得的那一个人，她是多么希望他能带走她，葬去一处清净地。

　　听到这里，他已然不能自制，毅然允诺会带走她。于是问她尺体葬在哪里。聂小倩说"但记白杨之上，有乌巢者是也"。言已出门，纷然而灭。就这样，她与他之间，因为一个约定，架起一座桥梁，打通了彼此内心最深处的温柔。

电影《倩女幽魂》在这里正是高潮之处。在燕赤霞协助之下，二人逢凶化吉，击败妖魔姥姥，逃出兰若寺这腐朽之地，得见光明。也就在这里收束住。

不会有人不记得王祖贤演的聂小倩。也是，王祖贤生得冰冷，长得清媚，饰演聂小倩再合适不过。沉默不语时，便自有几分鬼魅之态。她与张国荣之间的温柔笑忘人心险恶的欢喜画面，真是令人爱赞不已。

但在蒲松龄的原著小说《聂小倩》里，这一处只是承接。是为了铺笔带出他们日后的颠簸。燕赤霞助宁采臣击退妖魔姥姥之后的第二日，宁采臣便借口有妹葬于荒冢，便去寻聂小倩所说的乌鸦巢穴的白杨树，将她带了走。离开兰若寺时，燕赤霞将击退妖魔姥姥的剑袋赠予了他。正是这剑袋，才确保了他与她日后的平安。

回到家之后，他便将她葬于自己的斋外。他说："怜卿孤魂，葬近蜗居，歌哭相闻，庶不见凌于雄鬼。"可怜你孤独零零，如此便把你葬与我陋舍边，你的悲欢我便都能知晓，也就不会再有恶鬼来此欺凌于你。

她是女鬼，他纵然心中对她有再多的喜欢，所能表达的感情也就这样。因为，他是家中有妻的人。可怜妻子重病在床，他与老母亲要日夜照顾，身心俱疲。这一切都被聂小倩看在眼里。后来她对宁母说，虽人鬼殊途，但我亦无贪心，只求伺候兄长于左右。她是鬼，但是个好鬼。宁母是知道的。

后来，宁采臣的发妻到底还是病逝了。宁妻病倒之后，幸得聂小倩的帮忙，宁母才能稍有清闲。日子一久，宁母也就对她没有设防，并且愈加喜欢。所以这一刻，宁妻去世，宁母也就同意了宁采臣继娶聂小倩的想法。这段人鬼情缘到这里，才有了一个还算圆满的交代。

事情总有结束的时候。感情却无。后来，聂小倩竟还神奇地为他产下两子。聂小倩为鬼，亦能续前生未了缘。宁采臣是人，一样与鬼结发做夫妻，度漫长人生路，风雨无阻。人心险恶，有时尚不如鬼。鬼亦温善，有时人不能及。

> 十里平湖霜满天，寸寸青丝愁华年。
> 对月形单望相护，只羡鸳鸯不羡仙。

这是电影《倩女幽魂》里聂小倩画像上的题诗。令人不得不忆起白居易的《别思》诗。"十里长亭霜满天，青丝白发度何年？今生无悔今生错，来世有缘来世迁。笑靥如花堪缱绻，容颜似水怎缠绵？情浓渺恰相思淡，自在蓬山舞复跰。"好一个曼妙意境。

张国荣也唱《倩女幽魂》。"人生路，美梦似路长。路里风霜，风霜扑面干。红尘里，美梦有几多方向。找痴痴梦幻中心爱，路随人茫茫。"哥哥这一段《倩女幽魂》唱尽了人生的无常，唱尽了这段人鬼恋的凄美绵长。

25 | 负佳期

[霍小玉，李益]

她叫霍小玉。

她是人间一朵清艳大丽花。

玉女本生王侯家，风华绝代人人赞。她出生时，本也是贵气覆没着身。父亲是皇族，是霍王，是一代枭雄。她母亲叫净持，端庄清雅的一个好名字。人如其名，也是多丽又阴婉的女子，生性当中有一种令人爱赏的素质。

净持初入霍王府邸不过只是卑微侍婢。纵然她始终姿态低微，但到底是不可多得的好女子，还是要引来他的注目。霍王爱她时，她也以为真能依附这男子一生一世，能不离。后来，她为他生下一女。取名霍小玉。但好景不长，霍王竟意外离世。过往靡丽转头便苍凉。

唐人蒋防《霍小玉传》记载，"王之初薨，诸弟兄以其出自贱庶，不甚收录。因分与资财，遣居于外，易姓为郑氏，人亦不知其王女。"树倒猢狲散。因母亲是妾，是侧室，她是庶出的女儿，霍王子弟便令这母女离了霍家。后来，她们流落民间，易姓为郑。再无人知道这母女二人曾经光耀的身份。

唐代宗大历年间。霍小玉母女已沦落风尘。这是旧时女子无奈的生活逼迫下的寻常结局。已不惊人心。看这一段生活，也不过只是零落的几处伤。生活多惘然。纵然如此，她也是清清白白的青倌人。也是在这烟尘流转地，霍小玉才开始了她这一生里生死不敌的爱旅。

男人叫李益。历史上确有其人。大历十才子之一。二十岁便中了进士。"生门族清华，少有才思，丽词佳句，时谓无双。先达丈人，翕然推伏。"这就是李益，才华遍地的男子。只是才子多风流，彼时，他博求名妓，欲寻得佳偶，以色侍风流。这也是寻常的欲求，并不能苛责。

他原本只是他，与她毫无瓜葛的旁人。她也只是她，只是久闻他才名，常常吟他那两句"开帘风动竹，疑是故人来"。也就是这样了，她哪里料得到她与他之间能生出虬曲羁绊，牵动生死。

是那个叫作鲍十一娘的女人。正是她，霍小玉辗转离落至他的面前，待他顾怜。鲍十一娘是媒婆，秉性灵活乖巧，著于花言巧语。"性便辟，巧言语，豪家戚里，无不经过，追风挟策，推为渠帅。"正是这样的一个鲍十一娘，扯出了一条带刺的红线，拴住了这二人。直至风华苍老日、遍体鳞伤时。

不是才子就能配佳人，亦不是佳人就能嫁得才子。他是才子，她是佳人。他与她之间，却半是阴翳、半是明光，半是良生温柔、半是离苦难路。

那日，他在鲍十一娘的引荐之下，心怀忐忑来到她的居所。胜业坊古寺巷里。他自从鲍十一娘口中听到她，便疯魔了一般，一时也按捺不住对那女子绮丽绝伦的向往。是日，他匆促心慌，急不可待。于是，借来黄金衔勒与青色骊驹奔赴胜业坊。

他们初见时，是伴着惶恐不安与羞怯难当的单纯心意来迎接彼此的。因此，这样的初见，多了几分爱之隐忍。正如鲍十一娘所言，霍小玉"资质秾艳，一生未见，高情逸态，事事过人，音乐诗书，无不通解"。她显然是才貌双全的好女子，也正合了他的胃口。他逡逡巡巡，等待的也便是这样一个女子。以温柔声色温柔待他。

这一回相见，注定交融。正如李益说的，"小娘子爱才，鄙夫种色。两好相映，才貌相兼"。彼时看过去，是多么好的一桩爱情事。

她的母亲净持知道女儿独爱有才之人，也常听女儿吟着李益的诗，怯怯地欢喜。所以净持看着面前的这一双人，无论如何，她也是不忍让二人错失了机会，再爱杳如年。于是，她暗暗撮合。母亲命她歌唱，她百般推诿不得，也就开了口。发声清亮，曲度精奇。不过微弱两三言，便唱进他的灵魂里，扎下根来。

夜色阑珊时，她与他秉烛承欢。因二人之间就是那一注目一颔首，便有了一种旧识经年的亲。这样的一种确认，是迅即的，也是果敢的。需要为之支付更多的勇气。

但她太聪敏，一颗心在尘世摆渡，丝毫不浊。她说，此时你恋慕我，因我容颜尚鲜，待哪日年老色衰，怕是你也就将我弃了。毕竟，我不过只过风尘里求生的贫贱女子，本就与你不相匹配。

女人若是放下身段，总是字字带血，洒在男人心上。他哪里受得住她这般的玲珑剔透。他当即便立下誓言："平生志愿，今日获从，粉骨碎身，誓不相舍。夫人何发此言。请以素缣，著之盟约。"他说出来的都是生世不离的话，却不知，这生运原本就不是这舌尖莲花多能敌得过的。

誓言。至少，有过誓言。他们在一起的时间大约两年。两年的光景不过只是刹那。纵然带来的是幻觉，却也温暖如朝阳，令人痴绝。这一段时间里，李益和霍小玉，爱若饮酒，越久越甘醇。看过去，一切都是好的。

到了第三年。这一年本也不在心上，无人特地去注目。却因它庸常，才开起花来。却是恶之花，对她来说。

这一年春，李益以书判应试得第，授官郑县主簿。四月，他将离去。纵度两年好时辰，也终为离人。男儿志在四方，胸怀壮志，岂有不奔赴之理。事无定数。她懂得这道理。她因为太懂得，所以也就只能隐忍着痛含泪别送。

她不像旁的女子。到了这一时，她不求一生，不求一世。但求他给予她八年忠贞不贰的光景。如此明透的女子，得之是福。李益也是晓得的。所以他说，"皎日之誓，死生以之。与卿偕老，犹恐未惬素志，岂敢辄有二三。固请不疑，但端居相待。至八月，必当却到华州，寻使奉迎，相见非远"。他说到八月，我定来迎接你。誓如皎日，绝不相违。

但是，一个初入仕途的年轻男人，他还是难以具备定夺力的，对未来。李益便是如此。他的能量尚不够，立下的誓言也没有饱满丰实的内蕴来担当。他不够强大。

后来，他在仕宦路里匆忙来往，对前途之外的事情便再难以做到周全。不多久，他得到母命，要与表妹卢氏成亲。一段情错离殇从他的允命开始，已注定覆水难收。李益在唐笔记小说里，被塑造成怯懦、软弱、自私的人。单从感情方面，他确是难以正名的。

只是苦了霍小玉。她的爱情从空洞的那一刻开始，也注定是要满目疮痍的。他失了约，再没有来接她。她哪里会丝毫没有预料，只是这女子顽执。她等，然后寻，行似癫狂。有一些女子，不是把男人看得太重，而是爱得太沉底。不像男人，小心翼翼，处处保留，回旋自如。

再后来。她开始落魄。所有钱财散尽，也不能寻得他。躲过一人，比忘记一人要容易得多得多。李益处处躲着霍小玉，他内心是愧疚的，这至少也说明他不是不爱她，只是他的段位太低，已经担当不起。于是他藏匿。

正如那日她差丫鬟去当铺当去那枚紫玉钗半路遇到的沧桑玉工所言，"贵人男女，失机落节，一至于此！我残年向尽，见此盛衰，不胜伤感"。她失了他，命也就下葬了七分。苦不堪言。

是祸躲不过。但还是有贵人的。他是一名黄衫男子，翩然入梦。他抱着李益入她房，命她脱下绣鞋。怪诞的梦境看似蹊跷却处处是寓意。梦醒后，霍小玉对母亲净持说，"鞋者，谐也。夫妇再合。

脱者，解也。既合而解，亦当永诀。由此征之，必遂相见，相见之后，当死矣。"她说鞋是和谐之意，许是暗示他与她的再见重逢。至于脱鞋一举，怕是说这再见一回，也就天人两隔，解脱无碍了。

她是在告诉母亲，见了他，她这一生也就到头了。

黄衫男子有，李益也在，这梦境成真也就是顺理成章的事情。她晨起梳妆，待一切安然而至。是日，李益被黄衫男子骗来胜业坊，与霍小玉的梦果真两相映照。只是这一回，他见她时，已不似当初情浓心痴。

她日日等、夜夜盼的人此一时终于现身在眼前时，她又慌了。这一慌，不是喜，是悲绝、伤绝、痛绝的灭顶。她仿佛只是憋着一口气，等着他来时再吐出来。已无希望，已无挂虑，已无倾付。这是她终结自己爱的最后一道工序。她要将它做好，做得他不能忘却。

他见她已身患重疾。视线锁在自己的身上、脸上、瞳孔上。她是一点一点将他看穿看透了，看得他身体腐败、灵魂出窍、永不超生。她就是要死在他的面前，让他知道，这个女人不是死在他手中，是死在她对他的爱里。她要他记他一生一世。这是她应得的。

我为女子，薄命如斯！君是丈夫负心若此！韶颜稚齿，饮

恨而终。慈母在堂，不能供养。绮罗弦管，从此永休。征痛
黄泉，皆君所致。李君李君，今当永诀！我死之后，必为厉鬼，
使君妻妾，终日不安！

不是不报，时辰未到。他就这么在她制造的梦魇里熬煮了后
半生。凄苦辛酸的结局，是他给予她的深悔，给予她的愧对，给
予她的未完爱。

后来李益变得精神异常，对妻妾凌虐，娶妻三回。这是唐人
蒋防灾在《霍小玉传》的最后写给李益的结局。他给他了一个恶报，
换她一世清定执着的爱。她在他的爱里毁亡，他在她的爱里疯癫。

其实李益本也可以通途坦顺。有智慧，有才华，有见识阅历。
只是他遇到了一名情爱痴绝的女子，他攀附了她的生之所系的爱，
于是付出了代价。得了半生不安半生晦暗半生阴雨缠绵。如若不
是遇到她，或许，他这一生也会生出一种轩敞、一番明亮。

水纹珍簟思悠悠，千里佳期一夕休。
从此无心爱良夜，任他明月下西楼。

李益书《写情》诗，道尽了爱与无爱时的心肠苦涩。只如今，
她已不在，往生成空，他心业已沉没。这一世，若深爱过一个人，
那你一定知道，那爱时的焦灼与深刻，无爱时的惶恐与寂寞。彼

时波心荡漾，相爱的光景温暖无可拟说。冷月寂寂，但他有她连连爱意。拥在怀里。

她叫霍小玉。她以生死量度爱。她于纸墨里活跃而出，穿行了千年岁月。悲欢，生死，总关情。爱那么短，遗忘那么长。庆幸他还能记得她，以她温柔爱换他暴烈情。

闲品六

——

陌上花开缓缓归

26 | 无别离

[崔莺莺，张生]

　　其实。两人在一起，不需要别的，只需要能心沉气静地持一颗朴素的心，就好。莫失莫忘。听那弯弯曲，诉说琳琅意。而那一段事，正宛如呖呖莺声花外啭，沉睡在春光深处，竟是万千哀愁。

　　她叫崔莺莺。戏叫《西厢记》。《西厢记》是元代王实甫创作出的经典言情大戏，它是在金代董解元的长篇说唱韵文《西厢记诸宫调》基础上改编而来的。董解元《西厢记诸宫调》又称为《西厢记弹词》或《弦索西厢》，通称《董西厢》。而《董西厢》源于唐人元稹的小说《莺莺传》（亦称《会真记》）。

　　元稹的《莺莺传》与王实甫的《西厢记》所叙情节在前半部分是类似的。说的大抵都是如下因缘：贞元年间，蒲州有普救寺。普救寺有厢房些许。崔家寡妇携幼子弱女举家迁徙，欲回长安，路过蒲州，暂居普救寺。后有官军劫掳，因张生人脉广络，保全了崔氏一家，方于崔家的答谢宴席上得与崔莺莺初见。

先说元稹的《莺莺传》。只说《莺莺传》，极力不说元稹。《莺莺传》与《西厢记》表里都是相异的。莺莺是最初那个的莺莺，纯真痴心小女子。张生是最初那个张生，却不是《西厢记》里那个神定气正的男子。

元稹写张生，说他"性温茂，美风容，内秉坚孤，非礼不可入"。当然，这样的男子总有一种迷人风神。于是他有了勾引她的资质。

话说张生游蒲州时寄居普救寺，恰遇得崔氏一家人。彼时正值官军作乱，崔家有资财，恐被劫掳，幸有张生搭救。因他与官军有私交，便助崔家度过一劫。于是崔家答谢他，宴请张生。正是这一回，他于席间见到了颜色艳异的她，难能自制。因她姿容魅丽，别有风雅。他一眼就看定了这淡静如水的女子。

后来他找机会给她写情诗表诉衷肠。但她矜妍自持，并不积极回应。不过，张生是才子，确有动人才力。一首仔细打磨过的煽情小诗也已然足够启动她内心羞涩闭合十七年的温润。于是她最终还是选择作了一首《明月三五夜》应他。

就这样一来一回，她被他成功俘虏。睡到他臂弯，不求不索，稳稳妥妥。看似张生轻易，却是别有一番难处。因这样静定的女子若是不爱，纵使耗尽精力与资财也必是枉然。若是爱，则定是操持一颗坚定心，摸黑也是要走到底。

那夜，红娘引她自荐枕席，二人遂成其好。事后，张生虽内心悦然，却绝不是轻松无挂虑的。这样的女子是珍宝。他将她闭塞的心启动了，势必要担当起一份责任。若是无能为之，那结局一定是两相决绝的。

可惜。他果真不是一个担当的男子。最终还是负了她一生深情。于是他就在武断、犹疑、逃避、虚伪当中，与她度完相伴的时日。却，对嫁娶之事只字不提。

后来他上京赶考，这是历代情事中书生辜负痴心女的前兆。陈旧的戏码在元稹的《莺莺传》里写得尤为理直气壮。第二年，张生去了长安后，科考落第，自此便滞留长安未回。

彼时，他大约也是对她喜欢的。毕竟她带给他内心的真正欢悦是存在过的，记忆是证据。居长安的那些时间里，一开始，他与她也会写信。他亦会寄给她女儿家的饰品，花胜、口脂。但这一些细碎温情已不是她此时所需。她需要的是，他给她一个名分，然后名正言顺地相好。

但他不给。他不能给、不愿给、不想给。给不起都是借口。她给他写了漫长的一封信，字字着深意，字字是真情。

……千万珍重！珍重千万！玉环一枚，是儿婴年所弄，寄充君子下体所佩。玉取其坚润不渝，环取其终始不绝。兼乱丝一绚，文竹茶碾子一枚。此数物不足见珍，意者欲君子如玉之真，弊志如环不解，泪痕在竹，愁绪萦丝，因物达情，永以为好耳。心迩身遐，拜会无期，幽愤所钟，千里神合。千万珍重！春风多厉，强饭为嘉。慎言自保，无以鄙为深念。

她失去他时，也不忘叮嘱一句：珍重，自保，勿念。是这样的好女子，去哪里才能再寻得。而他太年轻，年轻至才华空洞如薄冰，年轻至个人的道德体系也不完满。他甚至将信拿给友人杨巨源看。杨巨源还为此作了一首《崔娘》绝句诗。然后，便是一传十十传百的众口铄金，令世人都知有弃妇，名曰崔莺莺。

他弃离了她，甚至连她的声名也没有保全。他将感情草草收束，却兀自成全了自己一个人的欢场。

杨巨源那首诗里写有两句——"风流才子多春思，肠断萧娘一纸书"。写的也没有错。她对他这一回的痴妄最后也就沦落至这般地步了。幸元稹在《莺莺传》还落了铿锵一笔。写张生后来再去求见崔莺莺，却被拒之门外。她说："弃置今何道，当时且自亲。

还将旧时意，怜取眼前人。"她是痛定思痛，绝了这一笔债。

她知，这一刻，他不是原来那个他，她也不是原来那个她。君已另娶我亦嫁。他掠夺了她的青春，她便留给他一段永不能忘也永不可得的风华。至此事终。

这是《莺莺传》里的一双人。后来元稹狗尾续貂、欲盖弥彰、文过饰非，为替张生的遗弃的不仁行径开脱，说崔莺莺是"尤物"，是"妖孽"。借张生之后说"大凡天之所命尤物也，不妖其身，必妖于人"。实在令人慨叹情之苍凉脆薄。

再说王实甫的《西厢记》。那真是一戏千年。历代文人对《莺莺传》改之又改，总想寻出一种圆融意满的完满。张生和崔莺莺这一双人的爱情走向时时会牵动文人墨客的细敏之心。终于到王实甫这一处，才落定一个瑞丽的姿态。遍布圆满的艳想。

在《西厢记》里，崔莺莺和张生都有了更为明确的身份。她是大家闺秀，本是相国之女。他则是礼部尚书之子。只不过这一时，她父亲已逝，而他更是父母双亡。于是，他们识得彼此时，已是脱了负累身份的净澈的素人。但这也是一个圈套。旧社会里的人，生死都离不了段位和等级的。纵使这一刻，彼此看上去已是轻装上阵的清透人。但王实甫塑造的一双人是内核强大劲烈的。

那日，崔莺莺正与红娘园中嬉闹。正巧他遇见。于是，她的一点一滴都被他窥进了眼底。那是一种见者无不盛赞的美。他见她时，如沐春风，仿佛天已不是那个天，地亦不是那个地。

不是一见钟情没有道理，是你未能钟情，那人已擦肩。张生相信一见钟情。其实大多数感情的发生都是电光火石相交汇的一瞬间。一切都尚沉静，他便已入住西厢。而此时，她尚不知他内心的翻滚。她在暗处，他在明处。

只听他叹："有心争似无心好，多情却被无情恼。"后来，他知道崔莺莺夜夜去花园里烧香，于是便夜夜去看。彼时二人尚无交集，他也就只能做出这等寂寥的事来。幸他才华满腹，知道作诗传情。

他写："月色溶溶夜，花阴寂寂春；如何临皓魄，不见月中人。"赠予她。她回应他："兰闺久寂寞，无事度芳春；料得行吟者，应怜长叹人。"这回应里面是有含义的。她对他也是有一些感动的心意。于一处，两情相悦的感情模式便开始应运而生。

《西厢记》是正剧，不是悲剧。它的文本当中始终贯穿着一种可感的圆满。这令《西厢记》这出戏，长了千百年。因世人都有温暖的富贵的团和的理想。它符合人心所向。虽然后来有曲折，但都不能颠覆它的情动趋向。

有叛将名曰孙飞虎。其人凶横好色。听说崔莺莺有"倾国倾城之容，西子太真之颜"，便率领五千人马，将普救寺层层围住，限崔老夫人三日之内交出莺莺做他的"压寨夫人"。众人束手无策。崔莺莺是刚烈女子，宁死不屈。正此时，崔老夫人情急之下便对众人许下诺言，说，谁能于危难里救得小女，便将她许配给谁。

此处，崔老夫人成了张生与崔莺莺这段感情关系里至关重要的转折点。因那救崔莺莺于危难中的人正是张生。张生先用缓兵之计，稳住孙飞虎，然后写了一封书信给自己的八拜之交征西大元帅杜确，请他派兵前来相助，击退孙飞虎。三日后，危机解除。

历此磨难，他方才郑重地与她面对面、心对心，将彼此用目光照得完完全全，印在心里。将一切隐藏于内的爱喜捧出来。却不料，崔老夫人在危机解除之后，设宴酬谢张生时突然反悔，不管不顾。她爱女儿，于是宁愿毁了自己的声名，也不敢轻易将女儿托付。这一行径伤了张生，也惊了崔莺莺。

后来，幸有红娘牵线搭桥，二人才于暗处保持着爱情关联。但这一些终究是瞒不过崔老夫人的眼睛。她只有这么一个女儿，所有的心思自然都在崔莺莺的身上。她对女儿的爱自然也是无微不至，连女儿的一举一动都要看在眼里才能放下心来。如此这般，崔莺莺与张生频频私会的事情自然就瞒不过多少时辰。

只不过这一回，这一双人的感情被崔老夫人识破也未必就是坏的事情。至少，他们得到机会表达，将内中真意诉与老夫人听。纵然老夫人坚硬，也抵不过这一双人的坦诚之心。他们就是要来爱彼此的。红娘也说，是你老夫人言而无信，怨不得小姐。

而最终，崔老夫人也只有应了这一桩事，但她自有原则和底线。那便是若要娶小女，清贫的张生必定要考取功名，这样他才能将她照顾得稳妥，爱得饱满。大多数男人的安于现状甚至颓废，根本原因在于缺少一个击中要害的动力。但这一时，张生有了动力。

《西厢记》里的张生再不是《莺莺传》里的人。他是真心人。他赴京赶考，为的是身后另一个望穿秋水的真心人。整个故事的意境就有一种如沐醉月暖日的芬芳。张生最终也是考中状元，锦衣荣归。只不过，故事到了最后的团圆日，再次被安排了插曲。但这一回的短暂惊慌，此时看来也不过只是一种蓄意铺垫的表演。

说的是，崔莺莺的父亲生前曾将她许配给崔老夫人的侄儿郑恒。这郑恒不早不迟，恰恰在这时来到普救寺。她是芙蓉是玉兰，人人都知她美，知她是良人。所以，郑恒千里迢迢赶来普救寺为的就是遂了自己的愿，以崔莺莺先父之命的名义。

无奈崔莺莺一心系在张生的身上，所以郑恒为娶得崔莺莺编织了一个丧良的谎言。他谎称得到消息说张生高中状元之后已在京城被卫尚书招为东床快婿。他这随口一说，却不想生生将她推下了万丈深渊。她岂是将这些话当作传闻，她是将它们当成了匕首、白绫、鹤顶红。这一切，郑恒都不知。

故事到这里，眼见前路一片春光明媚，却偏偏横着一条深河在眼前。在她几近绝望形容枯槁时，才缓缓泊来一只小船，将她载过去。是，她被载了过去。她到底还是渡了过去，握了一手缤纷。她与郑恒成亲那日，那人，她日夜痴望的那人，张生终于归来。一切真相，都大白于这意气奋发的天地之间。

王实甫《西厢记》最动人的始终是那一种团和圆满的气场。只是这一双人的情之圆满，总要跋涉过漫长路途，以爱之颠簸换得爱之深沉和弥香。

从元稹到王实甫，张生和崔莺莺这一双人在时光里彳亍跌宕了五百年。人心里的善美最终还是寄托在历史当中，给予了他们一个花好人月两团圆的结局。

听。张生在戏里唱：

> 永老无别离，
> 万古常完聚，
> 愿普天下有情的都成了眷属。

27 | 折枝

[杜秋娘，唐宪宗]

劝君莫惜金缕衣，
劝君惜取少年时。
花开堪折直须折，
莫待无花空折枝。

这是唐才女杜秋娘所作的《金缕衣》。那一年，她以赤女之心作诗，换他忘年之爱担待。她与他却不知那无边风月里，云雨难耐。不是彼此照进清澈心里，就可以恩爱终老的。

那一年，她不过芳龄一十五，含苞待绽。虽出身微贱，却独禀天地之灵秀，出落得美慧无双。自有一种温柔的风情，是清媚当中又有蠢蠢欲动的妖娆。且知诗书、善歌舞，亦能作诗填词写赋。

于是，她便在金陵的艳异土壤里，开得耀人目，开得悦人心。于是，她芬芳四溢，她艳名流漫。

　　她本与他分居天和地，永不能交集。却不料她的艳名经别人的口传入他的耳。于是演开了一场历久弥香的爱情戏。他是李锜，浙西节度使，皇室宗亲，重兵在握。某一回，他逗留金陵，猛然忆起下属曾再三提及的她，便心思一动，请来她作陪。

　　彼时，她不过初出茅庐，哪里见得过金陵城百官齐聚的宏大场面。心有戚戚。于是他命她斟酒，她初执酒樽时也无异样，却待与他一靠近，便猛然被一种彪悍的气场摄住，乱了方寸。一踟蹰一惊慌，一杯酒竟洒了他一身。

　　他也不责备，因在水滴落裳的瞬间，他便做下一个决定。他想要了她，要了她做自己的女人。她尚新净，若是时间久了，怕会被别人染指。他决不允许，因他沉迷她尘埃不染的气场。他见她惊错，便故作凶狠，命她作诗赎罪。

　　于是，有了她一首传千古流百世的《金缕衣》。"劝君莫惜金缕衣，劝君惜取少年时。花开堪折直须折，莫待无花空折枝。"吟罢，他顺手便将她拥揽入怀。事成。

　　某一些人之间，爱与不爱，都是关乎内心深处瞬间的共鸣或者分崩离析。他们是这样默契。她孤绝境地里独处十五年，渴爱如饥。他驰骋浑浊世道六十载，倦怠难当。她需要厚重如山的怀抱，他需要找一颗少年似的心来填补内心的伤痕与沟壑。于是他与她恰如其分地相爱上。

即使他在将她已纳妾入府的时候，依然会有人对这一回的忘年之恋，怀疑、困惑、思不解。但无碍，感情是人的灵魂深处的一些隐秘聚集。就是不被轻易理解的。但我执信，他与她之间，是爱，是百无禁忌纯洁如婴的爱。

只是他野心不死，他要叛乱。第二年（公元807年），李锜以为时机成熟，便借口唐宪宗已为群小把持，打出清君侧的旗号发兵叛乱。彼时唐宪宗已即位，事先早已预知李锜叛乱事端，于是在唐宪宗指派的大兵镇压下，叛乱得以平息。李锜被处死，杜秋娘作为罪臣家眷被送入后宫为奴。此时，她不过只有一十六岁。

有一种女子，生来便注定是要受瞩目的。因这一类女子生性当中便有一种磁性，或者妖妍非凡俗可比，或者清媚非庸常可及，又或者静冷当中有一种从容大气。杜秋娘则是既妖妍亦清媚。

她唱的依然是那一首《金缕衣》。男子似乎骨子里都有一种空缺感，为明慧女子虚位。似乎有一种欲擒故纵的游悦之心。唐宪宗李纯也是如此。他尤爱那句"花开堪折直须折，莫待无花空折枝"。

他一曲听罢，意犹未尽。

　　而她入了这深宫，也就不再是从前的杜秋娘了。深宫似海，谋爱不成，也要谋生。生死不过瞬间，她懂得这道理。于是她开始费尽心机取悦皇帝。她以为，自己的爱情，已是空城。

　　但李纯是爱她的。那一种爱，在浮尘障目、是非混杂的后宫，已如人迹罕至的世外天地。别有一番清净气。后来，李纯帮她改名为"仲阳"。寓意春阳盛盛，颇得龙宠。李纯甚至曾有纳杜秋娘为妃的意愿，但遭人劝阻。说此女乃叛逆者之姬，如立之为妃，恐招非议。李纯也觉言之有理，便封杜秋娘为女官，执掌御用歌舞班子宜春院。

　　这一个名分，得与不得都不重要。重要的是，杜秋娘的爱之空城里，重新有人入住。只可惜，她觉醒得晚了些，待她知他好，他却已不在。她这一生，仿佛注定要跟所有的爱，作昙花之交，倏然便不见。一切都是来不及的匆忙无序。

　　公元820年，李纯病故，唐穆宗李恒即位。遵父遗诏，李恒将年及三十的杜秋娘从宜春院调出，让她为年仅十岁的皇子李凑做傅姆，负责教读诗书。至此，杜秋娘一生过半，风韵虽存却已是明日黄花，光华亦已不再。

女子之于后宫，得宠则朝夕有光，失宠定是左右邻暗。杜秋娘，从李纯驾崩那一刻起，便注定要走往枯萎路途里。这是她不能选择的，这是她被迫接受的，这是她无能为力的。

李恒短命，在位四年便驾崩离世。其长子李湛继位，是为唐敬宗。却也不过匆乱坐了一年的龙椅，也就被废。继位的便是发动政变的李湛之弟李昂，是为唐文宗。再到公元 828 年，奸臣当道，当年的唐穆宗李恒之子李凑被卷入斗争，王位被削。此时，作为李凑傅姆的杜秋娘，已经年近四十，徐娘半老。虽只是教李凑读诗书，但也被殃及，削籍为民，"赐归"金陵。

写至这一处，内心猛然之间有一种空落落的哀伤。这哀伤不蚀骨却深刻。是为女子，她已出落得清艳跳脱，入目入心。被爱欣赏，被人爱喜，被人追慕。都是女子风光满面的事情。可到头来，却依然没有一个暮年自主的能耐。

大起大落的人，有一些，内心总难清定。仿佛有一种自自身历史而出的牵制力，困囿住心性。难以超脱故旧的事，最终是将自己逼迫至悬崖绝地。杜秋娘便纠结在今昔，不分不辩，终至荼蘼，似疯癫。

公元 833 年，唐诗人杜牧路过金陵。也不知是不是运命故意，苍老潦倒的杜秋娘竟被杜牧遇到。昔日娇艳花，如今已成白发老妇。杜牧对她深表同情悲怜，于是，为她写下了五言古风体的长诗《杜秋娘》。

杜牧在《杜秋娘诗序》中说："杜秋，金陵女也，年十五，为李锜妾，后锜叛灭，籍之入宫，有宠于景陵。后几经变故，赐归故乡。予过金陵，感其穷且老，为之赋诗。"杜秋娘读罢此诗，竟窃得一刻庆幸，却是悲从中来，潸然泪下。

苍白年光老是羞。她怕是又一次想起那一年凝她不移的李锜，和那一年初入宫时执过她双手放她入心的李纯。只如今，事已成空。她的终局凄惨不忍蹩忆。说她最后茕茕一身冻死在金陵城的玄武湖边。死时，身边无一人。只听见，玄武湖边，风声鹤唳，呜咽成歌。

> 红颜薄命实堪悲，况是冬风凛冽时。
> 深夜孤灯怀往事，一心哀伤有谁知。

28 | 契阔

[王宝钏，薛平贵]

击鼓其镗，踊跃用兵。土国城漕，我独南行。

从孙子仲，平陈与宋。不我以归，忧心有忡。

爰居爰处？爰丧其马？于以求之？于林之下。

死生契阔，与子成说。执子之手，与子偕老。

于嗟阔兮，不我活兮。于嗟洵兮，不我信兮。

这是《诗经·邶风·击鼓》篇。讲述的是一段古老往事。远征的男人在女人千万里外浴血沙场。抛头颅，洒热血，晒肝胆，奔南方。他不见她已许多年，夜夜辗转醒来都是"忧心有忡"，内心思忆翻涌。他知道，家中的女人必是早已望穿了秋水，痛断了肝肠。

他始终记得临行前他执过她的手，对天起誓，许下的不弃不离的诺言。承诺他始终没忘，追刻在身体里，融化在骨血中。只是心中，时时感慨泪涟涟，声声叹息天涯远。是那一句"死生契阔，与子成说。执子之手，与子偕老"。

这是《诗经·邶风·击鼓》里写的事情。一个行军在外的男人忆念家中苦守的女子。这一段戏码像极了他们之间的事情。

只是轮到她与他，那两颗心却是变了一些模样。她是王宝钏，他是薛平贵。她苦守寒窑一十八年，他西凉川上别娶芳花。也是几场战事，就将她和他隔在了千山万水外。

相传王宝钏是唐懿宗时期朝中宰相王允的小女儿。长女取名宝金，次女取名宝银，小女即是宝钏。都是贵气满满的名字，但唯独宝钏一名有了一些清定婉雅之气。而王宝钏也的的确确是与旁人所以为的相府千金是完全不同的。她不慕权贵，不贪虚名。她只想做清水佳人，候着她心目中敦厚、真诚、周正的良人。

她与他的故事要从那一日的踏青游春开始说。日头是好的，湖山如洗，她心情也清爽。本只愿静心看那春花温柔，不料半路遭遇几个轻浮浪子。他们见她貌美如花，便心生歹念。他们将王宝钏横路拦下来，意欲调戏。此等恶劣行径也只有那一些自以为是的纨绔子弟做得出。不过也是刚刚好，事情都是被安排得恰到好处。此一时，薛平贵入了场。

他是英雄救美。只是初入的形象是落魄书生，看似文弱，却不料竟是文武双全的好男儿。三两下便袭倒那几人。待他们落荒而逃时，她凝住了目前的男子。虽衣裳旧损却是仪表不凡，兀自有一种骄傲在。正是这眉目之间的正气令她忍不住就记下了他。

言行止于礼。也只有这样，淡然相对之下涌动的情意绵长才更为纯粹、真挚、持久。他们都各自有一套道德准则，纵使后来相伴同游半日，也不过只是眉目相对时泄露着彼此心上一点温情。好时良辰总短暂，别时容易见时难。

分离时，薛平贵心里也是有不舍的，只是他已知她是相府千金，自知身份卑微难相匹配。所以他时时都有克制。但王宝钏不同。他谈吐不凡，性情沉静，见惯了不学无术纨绔子弟的她对他的好感一时汹涌成灾。一日之间，她竟变得满身春意盎然。他令她欢喜无比，而这，是她的生活里从未有过的单纯愉悦。

后来，这小女子竟对他动了真心。日日不能不思念，夜夜不能不怀想。她越发对他不能释怀。那种情意渐渐便垒成心头的一束髻。她与他之间，她恐怕是先沉堕的那一个。爱情是一种博弈，谁先爱，谁便失了掌控力。于她亦然。

再后来是父亲王允的催婚逼嫁。她也自知自己年岁已不小，到了该要择木栖息的时候了。无奈双亲介绍的王公贵族无一能入得了她的眼。而最终，她竟想出绣球招亲的方式来保全自己的爱情。这是她的方式，其父王允亦有他的对策。他暗中吩咐只让有身份的公子入院，旁人一概挡在门外。只是王宝钏精明，她早已悄悄命丫鬟将薛平贵从侧门引入。

且不管此时的薛平贵是否也是爱王宝钏，但至少面对这样一个出挑的好女子，他丝毫没有不动心的道理。或者他根本也是对她一见倾心，只是身份的悬殊逼迫他不作为，因在他看来，作为会被当成攀附且不会得到。所以他不作为，等她来牵引。他是缺少了一些奋不顾身的勇气的。

待吉时到，她站在院中高台上低眉四顾。父亲王允在一旁催促，她却始终不紧不慢环视四周。待她眼睛定下神的时候，一切都已成定局，而这只有她自己清楚。她粉面含笑，目光直直坠在他的脸上。举手，投球，正中他怀。有道是"王孙公子千千万，彩球单打薛平郎"。这是她的倾付，这是她的故意。

只是事后宰相王允急了，他见王孙公子纷纷悻悻然离去，自己却面对一个手捧女儿绣球的潦倒书生，心中怒气何止几分。他断然不能接受女儿下嫁穷酸书生，潦倒一生。他严词否决了女儿王宝钏的真心真意。她却又是硬脾气，哪里甘愿为生计委屈爱情。终于闹得，父女击掌为盟，断绝父女关系。

这一回的决绝是冲动的，但亦不悔。她知道自己的生命当中最郑重的东西是什么。她追随而去时，两袖清风，盈盈清净。她断绝自己的一切退路来成全自己的爱情。代价沉重。

她不知爱情时时有风险，处处是陷阱，随时会幻灭。她对爱，一意孤行，坚决顽固，终将带给自己痛苦。薛平贵本居无定所，搬入寒窑也是苦于无奈。这无奈是相府千金忍辱下嫁的事实摆在眼前，逼迫内心耿直的他要做出担当的回应，以此来延续这段感情。

日子虽苦，但也算是男樵女织落了个清净自在平淡潇洒。且王母也会偶尔接济，母亲总是母亲，子女再忤逆，也逆不过她心头血肉相连的怜悯。但即便如此，他们也还是要分离。相遇是缘分，这分离也是注定。

唐懿宗咸通三年，桂州边区发生叛乱，朝廷调派军队讨伐，广征壮丁入伍。这一时，薛平贵第一次在与爱情有关的事情上做出了选择。彼时，他时时都被动。她说爱，他便答应。她说嫁，他也点头应允。这一回，他却要自己来做主。

他要去大展宏图，她又怎能去说一二不允的话。她不能，那样她便与无知盲目的女子毫无区别，她便不是她。只是她不知，这也是一种自以为是的执拗。当他离去，她苦守寒窑十八年时，她势必是后悔。如果当时她多一点的坚持，那么结局会不会不一样。

她有她的操持，他有他的顾念。男人的爱总是比女人的爱来得复杂。女人一旦爱，总是无顾念，不问来路不问去处，牵着他的手，便持一颗爱至沧海桑田的痴心。男人会顾虑。这顾虑在薛平贵这一处是清苦带来的突破心。他想给她好生活，这不是坐以待毙砍柴锄田可以带来的。他需要闯荡，带给自己财富，再带给妻子宽裕的日子。

初衷并无差池。但命运有舛错。离前他已暗示她命运多诡谲，若是战争经年不息，怕是她也只能改嫁他人，另谋出路。河北梆子戏里听他唱，"王三姐啊，守得住你将我守，你守不住来将我丢。"男人对自己所爱的女子说出这样的话来，情意甚是苍凉。"王三姐难舍薛平贵，平贵舍不得王宝钏。马缰绳，剑砍断，妻回寒窑夫奔西凉川。"是这一场情的果。

再后来。叛乱很快平息，战争很快结束。薛平贵所在的军队是朝廷调派的少数民族沙陀部队。军队立功，首领被封大同节度使。薛平贵尚未回家探妻，又无奈随军队辗转大同。彼时，命盘一变动，终局便迥异。去了大同，离妻万里，又恰巧玳瓒公主降临。

玳瓒是沙陀首领的女儿，西凉国的公主。正当情窦初开好年华。那日她骑马游耍，却不料坐骑失控，连人带马摔向悬崖。护花的他见状自是英勇拦马，救下玳瓒。在薛平贵眼中，这是职责所在。在玳瓒眼中，这却是情花根芽。她不问英雄出处便要定了他。

下层贫苦男子遇此飞黄良机不忍失去并不是不能理解的。她又是公主，他没有资本违背主子的意思。加上玳瓘公主对他果真一往情深，所以他最终选择接受玳瓘，在西凉国另配佳偶，一朝之间即成西凉驸马。他不是不知道家中尚有贤妻苦守寒窑遥盼度日。但，他已负了她。

王宝钏的等待亦从一种生活方式渐渐变成了她的一种爱情态度。她的坚持、忠贞、英烈是她的为人本则，亦是她的光芒所在。

若不是黄巢起义再掀祸事，他与她怕是也只能从此分隔海角与天涯。他并未忘记糟糠，时常暗中派人接济她，却不能执她手凝她目抚她柔柔青丝。于是那一点物质的牵系也变得失了分量，虽沉重。

二人一别就是十八年。十八年，这是一条时间河流，深且阔。她独自荡在河中央，不着岸，日日等他来引她。

待他终于随军回到长安来见她，却是咫尺相看泪眼黄昏到天明。正是"平贵离家十八年，受苦受难王宝钏。今日夫妻重相见，只怕相逢在梦间"。

这台戏最伤人的不是王宝钏的十八年，是她与他聚首的十八天。她用十八年来等，用十八天来爱，然后猝然死去。不是生命放弃她，是她放弃继续活下。因再见他时，他已不是他。虽他给予她荣华，令她见天地盛大。他已有别妻，她却再无风华。

她大概是终于彻悟：

纵他当下鲜衣怒马温柔对她，
但他还是曾彻彻底底负了她。

29 | 风引

[步飞烟，赵象]

一睹倾城貌，尘心只自猜。

不随萧史去，拟学阿兰来。

这样的情诗，情意极为饱满。所有的感情浓缩到这二十字里，也就变得更加来势汹汹，成了最浪漫的引诱。这样的诉求对于所嫁非偶的女子来说，一旦遇到，便犹如望见一道出口，都以为出口的背后是花香、是光照、是盎然春意。

写诗的男子名叫赵象。也是世代为官的簪缨之族。其人端正清秀，文采斐然，资财颇丰。正值弱冠的年纪，是最亮烈的一段好时光。

遇到她的时候，他正在家中居丧守孝。而他与她，因两家相邻，只有一墙之隔，所以他那日窥得她，也是意料之外情理之中的。缘分都已注定，不分善恶。生活困在麻衣里，阴郁无声色。陡然窥见一处隐蔽的瑰丽，哪里有不惊心的道理。

她叫步飞烟。唐懿宗咸通年间河南府功曹参军武公业之妾。步飞烟容止纤丽，若不胜绮罗。善秦声，好文笔，尤工击瓯，其韵与丝竹合。有灼灼之华，无夭夭之态，天生一端丽佳人。武公业对她自然是宠爱有加。纵然如此，日子过得也不过只是安稳，却庸常无光。

步飞烟是生性浪漫的女子。原本以为婚嫁之后生活应当是情趣琳琅。却不料丈夫武公业公务繁忙，甚少时间陪她。她便只能独自寂寥度日。与花草做伴，和自己生活。

这一日，赵象用重金贿赂了武府的门卫，欲托付门卫向她传达自己的心意。门卫为重金而心动，应了赵象的请求之后，赵象便取来薛涛笺，写下了开篇的那一首绝句。

他说。一见你倾城之貌，便久不能忘。心中也落下一个病根。不知内心蓬勃的念想是否能有一日成了真。你绝不能像弄玉追随萧史乘龙凤升天，若飞烟不见。你应当学那因授仙法于张硕便留恋凡尘流连人间的仙女杜兰香。如此这般，方才赐予我心中情意一回圆满。

这是他对她爱意最直接的表达。他提笔写下那一些情意饱满的句子时，大约也是不会料到后来的事情竟通顺异常。步飞烟读完他的诗之后，只觉内心暗涌激流，冲撞着自己的单薄身体。有一种无以言说莫可名状的感动在她的心中流转。然后这感动也就渐渐流转成爱。

她是太寂寞了。寂寞是毒药，她中毒太深。看似郑重的爱，其实只是一次没有防备的不经意的心动。她失去了判断力。这不是她的错，也不是他的错。是孤独带给她的盲目、冲动、急不可待的突破。

赵象的情诗是门卫托付其妻传与步飞烟的。后来，步飞烟对门卫之妻说："我亦曾于暗中窥见过赵象。他风神俊朗，品貌出众，更是才华横溢。彼时，也曾叹息此生福分浅薄，难遇得如此郎君垂爱。"原来，彼此早已在暗处照见过对方。只不过，她不知他心，他也不知她意。所以才说，这叫命中注定。

后来，步飞烟应了赵象。也是写诗。诗的内容是："绿惨双娥不自持，只缘幽恨在新诗。郎心应似琴心怨，脉脉春情更泥谁。"她把它们写在金凤笺上传予他。若是没有他，她怕是也就在孤苦当中安稳地将日子过了。只是他偏偏就招惹了她，惹得她内心重生脉脉春情。她自己也不知这是幸，还是悲。

赵象收到诗之后，大悦。于是急不可待地回复她。他又用剡溪玉叶纸赋诗答谢步飞烟回应。他本内心忐忑，生怕自己一片痴心落了空，生怕流水有情，落花却无意。这一刻，知她内心孤苦，知她心思热切，他自然要趁机软语，把心思落到实处。

> 珍重佳人赠好音，彩笺芳翰两情深。
> 薄于蝉翼难供恨，密似蝇头未写心。
> 疑是落花迷碧洞，只思轻雨洒幽襟。
> 百回消息千回梦，裁作长谣寄绿琴。

他说。佳人赠予的好诗，我自当备加珍重。因那彩笺上处处都是你我的浓深情意。无奈纸比蝉翼薄，纵然字比蝇头密，也不足以诉尽衷肠。大多数的女子始终会对男人赋予太多信任。步飞烟、赵象也是如此。

步飞烟本犹如一朵经久不绽的花。赵象是催化剂。那一些诗是营养，滋润了她。于是，她从内心到身体都变得蠢蠢欲动。但她需要经历一段挣扎。因为她即将做的决定是一次颠覆。将覆没她现有的生活，开辟出崭新却陌生、鲜亮也危险的路途。

所以，她必须度过一段迟疑、犹豫、惶恐、不安、充满压力却兴奋难耐的日子。然后，她病倒。赵象并不知这一切的发生。

十多日过，她却没有像上一次，回他以笺字、以情诗。正当他焦灼难耐时，她又恰巧有了动静。若是说她故意，也是能够理解的。她若是真的决定，以他作新生，势必也是需要演出一些欲擒故纵的戏码。但"画檐春燕须同宿，兰浦双鸳肯独飞。长恨桃源诸女伴，等闲花里送郎归"也确实是她心里最真的话。

那日，她托人传给他信，还有信物。信物是一只蝉锦香囊，信则是写在一纸碧苔笺上。告诉他，几日无音信，只因身体抱恙，并无其他。这一来一回，情意渐明朗，事情也就定了。一段不伦的偷来的感情也就开始了。

武公业公务繁忙，会夜不归宿。彼时，这是步飞烟孤苦的时光，这一刻，却成了她与赵象私会幽媾的最佳时间。他们自然是旧时伦理所不容的，却也是两情相悦的真心人。处处小心翼翼，对彼此关爱、尊重。一年。他们的爱情期限只有一年。虽非是彼此内心所愿，却也无力更了时间年轮，把一切布置得更好。

事情出在步飞烟一名丫鬟身上。平日，步飞烟对此婢女苛严，因一些小过鞭打过她。于是她对步飞烟怀恨在心，伺机报复。也不知是二人几时出了差错，被她将消息探了去。于是，她便立刻将这一切都通报了武公业。

武公业本来就性情粗粝，得知此事更是恼羞成怒。于是，那一夜，上演了一场捉奸的戏码。此事于唐人皇甫枚所撰《飞烟传》里记道："迨夜，如常入直，遂潜于里门。街鼓既作，匍伏而归。循墙至后庭，见飞烟方倚户微咏，象则据垣斜睨。公业不胜其愤，挺前欲擒。象觉，跳去。业搏之，得其半襦。"

夜深时，武公业跟踪步飞烟后花园。见她倚门低声巧语，墙头的赵象则眉目情深地端凝着他的女人。如此画面，直直扎进武公业的眼。他欲抓住赵象，也是本能。可惜只扯下半面衣襟。

也是到了这一处，赵象方才露出骨子里的阴暗，是他的萎缩怯懦之态。若是良人，他理应横在她的面前，担下所有的责任。理应维护她、照应她。不让她受到一点责难、伤害。他有作为，却非是如此。是抱头鼠窜的果决弃离。

步飞烟终的归局是悲凉凄惨的。她生为女子，所做下的最壮烈的事情大约也就是这一夜的以死终情了。武公业将她绑于圆柱之上，施以鞭笞刑罚，逼其说出偷情一事的始末。但是她缄默不语，唯有一句"生得相亲，死亦何恨"来应他。她是要誓死捍卫内心那一点单薄却顽烈的嗜爱的意志。

唐人皇甫枚写步飞烟死，又是另一处高潮。步飞烟气清神定，别有一番诡谲的意味。说武公业鞭笞她至力乏后昏睡过去，她便唤来平日知心的丫鬟，让她端给自己一杯清水喝。水喝完了，人也就去了。决然得令人悲泣。

她生不能顾，死却能顾。纵然她爱的男人品性质地有待商榷，但这并不妨碍她的爱情一如当初她对爱情动了心念的那一刻一般，是纯洁如初的。这一刻，她猛然间令自己的爱情不受人间迎拒。身虽死，但爱未卒。

后来，故事里说，赵象听闻步飞烟受讯，怕灾祸累身就逃去别处。以一个怯懦的背影结束了这一场荒诞也充满力道的爱情。也听说步飞烟后，精魂尚在人间。有书生论她的贞洁，同情她的人，她去梦里作谢，菲薄她的人，她令他短寿。仿佛死了之后，她才猛然铿锵如烈焰。

时光如水，淌过去，覆没了所有的坎坷与歧路。千百年之后，看过去也就没有什么跌宕的了。但依然记得，曾有一名女子，她做了一回纯粹彻底的谋爱人。

爱上爱情，生死无惧。

30 | 玉碎

[秦香莲，陈世美]

秦香莲祖居在湖广，均州城外是家乡。

自幼配夫陈世美，夫妻们恩爱在闺房。

曾记得郎君赴科场，临别依依哭断肠。

千言万语叮咛重，高官且莫弃糟糠。

陈世美离家三年整，实可怜，实可惨。

三年例行两年荒，草根树叶做食粮。

公婆饿死在草堂上，双手撮土葬南堂。

携儿带女赴京城，万水千山苦难尽。

可恨郎君贪富贵，不念夫妻骨肉情。

娇儿冻饿哭声惨，乞食街头泪不干

纵把琵琶弦拨断，一片冤情诉不完。

是为京戏《铡美案》的一段琵琶词。

这一出《铡美案》在京戏里是家喻户晓的，也是目前的戏曲舞台上十分流行的表演剧目之一。它之所以有名，在于这出戏有深切感恸的悲情牵连吸引着受众，以及那大快人心的结局在观者心里烙下的一种爆破感。戏是好戏，情却是伤情。戏里唱的是她与他的悲情故事，演的是她与他的苦难传奇。

她是秦香莲。若是没有他，她的一生也许亦可声色琳琅，或者平静温暖。但是她偏偏有了他，那个叫作陈世美的男人。她与他之间的过往，原来也是一片氤黄的温情。

她曾为他日夜掌灯，添香，染寂寞。女子对自己所热爱的男人总是会用温柔的方式表达，并且执着、贲张。本来应当一帧柔意漫漫的画面，但一想到后来戏里的他负了她，便觉这一出的温柔也变得枯瘦、衰老、低沉、苦愁、蹒跚，满是皱纹。

十年寒窗苦，不是人人都能体会的。但是她一定是懂他的。她心里大约曾经也以为这一切的苦会有尽时，以为甘来之日是可待的。她怎么可能料得到感情再深也抵不过沉浮世事蚀坏人心。

他上京赶考时，她送他百里，也不过只是徒然谱里一点墨，在离散与背叛之下，不足挂齿。他去时，她已育得一子又身怀六甲。

人去远，话犹在耳。她对他说：生生世世勿相忘。却等他，一去是三年。

后来。陈世美因才华出众在科场上靠实力一举拔得头筹，成了当年的新科状元。霎时，清贫小生成了瞩目郎君。人本是矛盾的动物，是纯良的，亦是邪恶的。可以是坚强决绝的，也可以是不堪一击的。秦香莲是前者，陈世美变成了后面的那一个。

贫寒书生苦读十年为的本是出人头地，荣耀满身。彼时，高中状元的陈世美深得皇帝赞赏。并且公主对他亦是青眼有加。皇帝将公主许配给陈世美时，他一定是狂喜的。仿佛这是钝重的生活里一道温暖鲜明的标志。从这一日起，他将变成另外一个人，寄居在另一副灵魂里生存。

在他与过去决裂时，也与糟糠之妻划清了界限。他是决绝的、义无反顾的、铁石心肠的。猛然之间，他与她真正隔出了千山万水。不似曾经，虽远犹近。这一回，他与她，是真正的远了。从来未曾这样远。

他声色犬马、晋升驸马时，贤妻在家含辛茹苦、穷耕苦织，勉强带大一双好儿女。他也绝不会料到家乡连年灾荒，双亲竟被活活饿死。秦香莲走投无路，只能放手一搏，携一双儿女跋山涉水，指望进京投奔丈夫。

待秦香莲到了京城之后，稍一打听，便轻易就得出丈夫的下落。因他身是状元郎，所以盛名在外。只是，待她再听，一颗心钝重有声摔落在地，是惨淡白花扬落满心。旁人告诉她，陈世美，已是当朝驸马。

她哪里不懂得这意味。她知，她早已被他摒弃在千万里外，成了孤花。若是没有一双儿女，也许秦香莲到此也就决绝一转身，一断发，便飒然去了。但是女人一旦有了儿女，便再无主动权，彻彻底底丧失了制动力。她这一回，为了给子女一个安稳归宿，也只能丧尽风情着褴褛衣裳低眉寻到他。

但她没有想到的是，即便闯进驸马府，也不过是迎上他形同陌路的横眉冷对。他不认她。连一双儿女也不认。他知自己当下最需要的是驸马府这个家，是黄袍马褂。纵然他也有着几丝挣扎，但这远远抵不过他被蚀坏的向往。她不知，他已心盲。

后来秦香莲得宰相王延龄相助，再度混进驸马府，扮成戏子唱尽曲折心肠。且任凭宰相王延龄百般说劝，陈世美却是始终无动于衷。陈世美此一刻的冷漠令宰相王延龄大为不悦。于是，宰相王延龄便指示秦香莲去开封府一纸诉状将他告发了去。

那一回，宰相王延龄和秦香莲母子离开驸马府时，陈世美担心他们这一去会对自己不利，便暗中派杀手韩琪去追杀秦香莲母子三人，企图灭口。写至这一处，心已寒透。莫说昔日相爱，纵是陌路，也当心存宽念。他是不仁的，不义的，黑暗的，腐朽的。

庆幸的是，杀手韩琪本非歹人。当他得知他被指派诛杀的是驸马的糟糠之妻和一双稚嫩小儿，他的心便软了。他将母子三人放了之后自知无法回去复命，便自刎而死。

到这里，秦香莲历经了人世间最惨淡最寒凉的刑。他刑加于她身，毁的却是她心。哀莫大于心死。倏然之间，秦香莲明晓了一个道理，莫说爱，他是连活路也不愿给她了。她唯一的得救的方法就是寻到开封府，状告陈世美于府尹包拯。

包拯铁面无私，不畏权贵，清明如镜，世人皆知。也只有落到他的手里，陈世美的罪才能获定。只是不知，当陈世美被包拯铡毙时，处在一旁的秦香莲凄哀泪容当中，是否依然有一滴是为他而落。不得知。

浮世嚣嚷，浊尘蔽目。人若不能克己行事，持清定之心，势必早晚都会成为盲心人。行存于世悲哀度日却全然不知。知足，知爱，才能知生命的朴素本源。人心满是破洞。洞外是暖腻的浮光，洞内是隐忍的真相。

想那年，戏尘埃落定时，台下已是唏嘘一片，呜咽阵阵。见角落里端然坐着一名女子，青黛粉面，秀色丽丽，面色静定。心里疑惑，莫非秦香莲三生三世转生于她身，观旧年伤事，心中已是静止默然，再无涟漪。世间最伤感的事怕就是痛定思痛不再痛。

其实戏到底是戏。历史上的陈世美是否确如戏中所演，人面兽心、恶贯满盈，并无定论。见到学者研究这一段戏时说：虽戏里人在宋朝，但陈世美、秦香莲的原型应当是清人陈年谷、秦馨莲；虽戏里夫妻反目、死别收场，但历史上，陈年谷、秦馨莲却是琴瑟和谐白头到老的一对佳偶。

虽也不确信，但依旧固执地去相信，因这样，心里才能落下一点温柔，于戏毕谢幕曲终人散时。如此，人不如故，但情意尚温，也是很好的。

闲品七

但是相思莫相负

31 | 白蛇

[白素贞，许仙]

古话说："十年修得同船渡，百年修得共枕眠。"

感情的事情需要缘分，缘分靠修为，修为在于个人的道与德。这句话虽在多数言情之处均可得见，你亦必然是知道这句话的，但里面所包含的细致意义非是你我能用两三言语道得尽的，纵那道理原本朴素纯粹。因这情意广蕴如三千尺深的流水，意可知，语难切。

这两句话流传至今大致还有两个版本。第一个是流传较广泛的"十世修来同船渡，百世修来共枕眠"，它收录在明代弹词《义妖传》当中，原诗为"摇船摇过断桥边，月老祠堂在眼前。十世修来同船渡，百世修来共枕眠"。

第二个版本是《增广贤文》和《中华圣贤经》里的"百世修来同船渡，千世修来共枕眠"。

后人用时多作"十年修得同船度，百年修得共枕眠"，前人确实也有"日月轮回难相见，天地相应手难牵。十年修得同船渡，百年修得共枕眠"的诗句。

十世太短，百世、千世又太长。虽万事因果起灭是不下几生几世的积淀，但要演绎的只是当下这一生，于是后人来说时，还是说十年百年一生一世来得畅快、直接、果决。

十年的修为，不过只能累积下浅薄际遇，同船渡水露水交错。百年的期候，才能攒得下那深水情缘，同眠共枕结发连理。惜却的是，不会再有人为心里那一个人，耗去生世一千年的光阴来圆满内心凤愿。为爱至死不渝的执着亦仿佛只能从遥远的传说里获得。

得见此一句爱语印象最深刻处是这段唱词："西湖美景三月天，春雨如酒柳如烟。有缘千里来相会，无缘对面手难牵。十年修得同船渡，百年修得共枕眠。若是千年有造化，白首同心在眼前。"唱词写得雅饬服帖，而里面那句芳韵流传后世的"十年修得同船渡，百年修得共枕眠"的话，说的即是《白蛇传》的故事。

《白蛇传》是中国古代四大民间传说之一。所述故事发生于一千多年前的北宋。源起地则在河南汤阴（今河南鹤壁市）黑山之麓、淇河之滨的许家沟村。

这是一处清幽之地。重峦叠嶂，淇水环流。葱林茂木，植物总是能带给水土清新的质地。因此，这地方原本便有一股桃源气质。仿佛这处就是注定应当要有传说的。

起初，《白蛇传》所说的故事并不完全是当今流传的这一出。《白蛇传》的故事早期因为以口头相传为主，因此派生出不同的版本与细节。

最初的《白蛇传》故事雏形见于魏晋时左思在《魏都赋》当中记载的一则"连眉配犊子"的爱情传说。"犊子牵黄牛，游息黑山中，时老时少，时好时丑。后与连眉女结合，俱去，人莫能追……"后来这故事演变成民间一出"白蛇闹许仙"的故事，而其中所提的"连眉女"即是后来《白蛇传》里白素贞的原型。

在"白蛇闹许仙"的故事里，许仙祖先曾从一只黑鹰口中救下白蛇一条。后来，白蛇千载时修得人身。白蛇为答许家救命恩情乃决定嫁与许家后人许仙为妻，并常与许仙施药救人，这却使得许家沟村附近金山寺的香火日渐冷淡。

黑鹰转世的金山寺住持法海对此大为不满，于是决心除去白蛇。这便进而引出后来世人熟知的《白蛇传》里"白蛇盗仙草"、"水漫金山寺"和旁的众所周知的逸事。

到宋朝，因宋高宗喜阅话本，其"龙兴之地"相州一带流传的《白蛇传》更是深得其喜，于是，《白蛇传》的故事便广泛流传开来。直到明代冯梦龙的《警世通言》中《白娘子永镇雷峰塔》一文所记，故事方初步定型。

世上无人不知白素贞，无人不晓许汉文。白素贞是蛇，是修炼千年为爱痴缠的苦情蛇。许仙是人，是寻觅一生因情辗转的落寞人。他们之间，展开的是犹如大戏里青衣水袖长甩半空时灵灵波动的那满眼繁艳和苍凉。

那一年。清明时节。杭州西子湖畔，微雨纷纷倾落。他沿湖旁小径踽踽独行。无思无念，只有一心清凉如水的宁和。他仿佛是不被尘世濯染的一株仙树，立在这人间美地优哉游哉。

岂料，天有不测之风云，翻手为云覆手为雨。顷刻，天水泻下，灌到他的身体上。他立住，环顾四下，茕茕一身而已。再无别的生机。良久，他看到湖面上一道清光落入。他不知道那一道光降下之时，他的命盘便开始急速跳转，旋往最亮烈的那一轮。

那一头正是她的一叶小舟泊过来，乌篷新泽，船色鲜亮。她和妹妹小青同执一把素花纹底的油纸伞立在船头，绵密雨水氲住她的视线。但是她能感知得到，她离他离得近了。这恩情，她这即要报答了。

一千年前。峨眉山上，幼小白蛇在弱龄牧童的哀求下从捕者手里躲过一劫。一千年后。峨眉山上，白蛇修炼成精，化身女子，取名白素贞。她是妖，自有凡人不能企及之倾城貌。

她得道在心，亦具剔透玲珑灵魂一副，如玉如珠如出水菡萏。她这世做人，单单只是要做成一件事。那引自她未了的尘缘，未束的功德。而眼下这一凝神，穿过水障，她便找到了他。

情起西子湖边断桥上。两颗冰清之心落入尘烟里。她借他油纸伞，挣得一个再见的理由。但所有命世，他全不知晓。她亦只是得观音点化略知轮廓，全凭内心细微的指示一点一点寻着了他。

她本只是报答恩情，并无甚儿女情意。无奈他憨实、素朴、善良，持一颗赤诚热心，对她亦是温柔至极，体贴入微。事事周全，百般呵护犹恐不及。她即使做了人，势必那一些交往也会渗到她心里，指引她当真爱上了这凡间男子。正道是，恩情式微，爱意永晖。她终于决心要嫁给他，给他爱与繁华。

二人是在杭州婚配的。但成亲不久，因白素贞为助许仙开设药铺，支使小青偷盗取钱塘库银，东窗事发之后，许仙被发配姑苏而要面临分离。好事未尽，劫难渐临。但这个劫数不过是后来那些大灾难的微微蓄势。更多的逼迫在后面。

彼时无碍，白素贞一路寻去，并终将她与许仙的这个家固在了姑苏。姑苏即苏州，山水明秀，灵气蕴足。当然是人间上佳的居处。二人在姑苏城里做下的最重要的一件事便是开药铺，保安堂。

岂料端午那日，她竟慌乱之下误饮雄黄酒，现了原形，惊厥了他。她当然是不愿意让他知道自己的本身的。因为她已坠入了他爱情的深河，现如今她只想在这条河里溺住自己，她不想被节外生枝截住自己的扑纵。她绝不能容忍自己的妖身葬送了自己的爱之归程。

此一刻，他在自己的真身面前丢掉了魂魄。她满腹的深悔只有他的复生才能消孳。她当然要救活他，于是她不顾自己力薄，只身赴瑶池，夺仙丹，震怒王母。

幸有菩萨观音救难，菩萨观音时时都注意得到这条心肠诚挚婉善的白蛇迂回人间的勤恳与静默。她是一直都在度化她。于是，这里，她被观音救下，得仙丹，救许仙。又一劫踏过，心魄微恙却两全。

一难。又一难。再一难。接踵而至。她与他次次都深陷水火。而他不过是凡夫俗子，并无救赎彼此的能耐。这一切的担当都落到她的身上。如果说此前的艰辛是深水烈火，那么法海则是她与他生命里最大的翳障。

彼时，僧人法海内心并不清全，他自私、决绝、无爱。他与白素贞三世为敌，所以他断然见不得她快活。他要收掉她，以得道高僧的名义。以腐浊之心。当然，他做到了，因白素贞内心婉善处处留有余地，指望周全，于是次次被他算计、被他欺凌。

法海为除去白素贞，将许仙强留于金山寺，逼迫白素贞水漫金山触犯天条。她的命数就在法海的手心里被曲折纠错，折筋断骨。白素贞终难逃刁僧迫害，被镇于雷峰塔下二十年。

他与她，注定难逃离命。

但若不离，哪成传奇。

故事的结局不坏，花满春枝月满圆。二十年后，白素贞与许仙之子长大成人。他在得知身世真相后发愤图强，立誓要救回生母白素贞。且他深孚众望，夺得状元，祭拜于雷峰塔前，孝感动天，白素贞得以出塔，重见天日。最终，白素贞、小青、法海及许仙四人也因果各解，功德圆满，得归天界，修成正果。

这样庸和的结局并不是意外，是情理之中的完满。这是传统文化里根深蒂固的氤氲和气象。存在于里面的是一种长和、安宁的道。它贯穿在《白蛇传》里，贯穿在白素贞灵魂深柢之处，贯穿在许仙对白素贞渺弱却恒定有力的爱和两人不决断的缘分当中。

夫妻之间的恩情是长重的。那个你于人烟里遇得的人，能有缘被你执过手，自然彼此之间是有命定的牵绊的。若得深情，娶嫁为夫妻，则是与之偕老最为庄重的方式。

人本应对婚姻敬重，彼此不能轻易弃离。何奈，尘世时而赤诚，时而凄惶。人心对待婚姻的态度亦已渐失坦诚，太多挂虑交杂，使得一切都看上去生硬造作。于是，那苟延的一点感情也变得不再动人。

一日夫妻百日恩，百日夫妻似海深。十年修得同船渡，百年修得共枕眠。一个十年的积蕴，一个百年的修为。前世的五百次回眸，才换得今生这一回的擦肩而过。若得真情，哀矜勿喜。要珍重。白素贞懂得这道理。

缘分若以前世今生衡量，
纵是千万也不显得绵长。

32 | 钗头凤

[唐琬，陆游]

有人在兵荒马乱的分离中，折半面铜镜，漂泊经年又重圆如新。倾唱钗头凤，看世间风月几多重。打碎玉玲珑，相见别离都太匆匆。红颜霓裳悠游中，舞出一点红，解游园惊梦，落鸿断声中，繁华一场梦。

唱完钗头凤，叹多情自古遭戏弄。折断锦芙蓉，走过千年还两空空。一城飞絮几度春风，长恨还无用，解游园惊梦，我几杯愁绪唱罢还是痛。

陆游那首《钗头凤》词，有一种销魂的凄美融在词的骨血里。吟一句，只觉内心江海惊骇。顿一时，便见天上人间相痴缠。陆游的一点哀情，就这样在光天化日之下一点一点被暴露。红酥手，黄滕酒，满城春色宫墙柳。东风恶，欢情薄，一怀愁绪，几年离索。错、错、错。故事虽是众知，但说起来也是各有各的趣致。

越州山阳，陆家。陆家有一子名唤陆游。他幼年时，金人南侵。其间，举家逃难的陆家与陆游母舅唐诚一家交往密切。患难交下的感情总比旁的一些感情要来得真挚和深刻。

于是，在这样的浓情厚谊的交往背景之下，非只是长者，小儿之间也长出了莫可名状的感情羁绊。这种感情羁绊往往铭心刻骨、销魂蚀魄。

陆游心里慢慢住下的便是唐家小女唐琬。其人，寡言清净，文静灵秀，善解人意。这样的少女端然无言地立着，就已是惹目。陆游也躲不过这光。时局动荡自然也难遏制住少年单纯心思里的爱意萌蘖。两小无猜、青梅竹马这样的词语形容的也就是这样的两个人了。花事始于此。

感情此一刻被打通，彼一时便壮大茂密起来。时间渐久，两人内心对彼此亦有了确认。且二人又都是极有才华擅舞文弄墨之人。彼此之间的默契更是多了不止一点。于是，总能看到二人借作诗填词来互诉衷肠，花前月下。天生一对璧人。这一些，两家父母也是看进了眼里的。

旧时子女的婚嫁事宜唯父母之命是从。当两家人商议撮合二人的消息传到陆游和唐琬的耳边时，他们内心的欣悦是难能自抑的。而这一刻，他们也以为，事就这么定了。以为，这一世，怕是不会有什么差错了。那一年，陆游送给唐琬的信物是一枚家传的凤钗。

岂料光阴里处处是节外生枝的磕绊，处处充满光明或黑暗的寓意。虽二人情爱弥深，但陆游此时已荫补登仕郎，接下来还须赴临安参加"锁厅试"以及礼部会试，本应勤苦读书以备考试，却因一心沉溺感情生活，甚少顾及其他。

这在旁人眼里看过去是一件极其欠缺理智的事情。陆母更是不能接受儿子这样颓靡的状态。但陆母不明白，有一些人嗜爱成瘾，因那是他们生命存续下去的前提。陆游是这样的人。

陆母唐氏望子成龙心切。她一心盼望儿子陆游金榜题名，光耀门楣。于是，陆母见此状不免会横加干预，多次对唐琬训斥。提醒二人以仕途为重，不能为儿女情长所牵绊。但陆唐二人情到深处无以复顾。

此时，逢一叫妙音的尼姑信口开河，她告诉陆母，说二人八字不合，指责唐琬克夫。这让陆母震惊到失控。于是爱子心切的陆母严令陆游休去唐琬，并加以威胁道："否则老身与之同尽。"

恪守孝道的陆游迫于母命难违，终只能暗自神伤将表妹送回娘家。但陆游尚爱意不死。不忍就此一去，相聚无缘，于是私自悄悄另筑别院安置唐琬，一得机会便去探望，诉说相思之苦。这样的"苟且"沉重难负，并最终被陆母发现。此时，陆母狠下决心，逼迫陆游另娶王氏，以此斩断两人情丝。

这就是求不得之爱，惹人世尘埃，毁情世难耐。而唐琬最终也是别嫁赵家。都是如此羸弱不果决不勇敢的人。自此，陆游、唐琬二人被棒打鸳鸯散。没缘法，转眼分离乍。情太深，缘太薄，劫数难逃。情意尚在，爱已阑珊。

三年后，虽陆游"锁厅试"被举为魁首，但因第二名是秦桧之孙秦埙，令秦桧深觉面上无光，于是因秦桧从中作梗，致使陆游礼部会试失利，仕途出师不利。为了排遣内心的忧郁和愁苦，陆游独自远荡在青山绿水之中。

那一日。他独自漫游到禹迹寺的沈园。园林花木扶疏，曲径通幽，石山耸翠，繁花竞妍。不经意间，却望得一锦衣女子款步迎面。陆游怔怔地望出了神。那正是暌违数年的表妹唐琬。唐琬亦认出了陆游。不期而遇，说的便是此般的境地了。

相思如空事，只剩对望无言。视线里的恍惚带着腥咸的海风气味。如同潮水一般的记忆携着各自的历史与过往在当下的那一刻变得波澜壮阔。于是，那伤苦里的怨怜一并覆没了彼此。

只是，物是人非事事休，此时的唐琬，已是他人妇。丈夫是同郡士人赵士程，系皇家后裔。是一个宽厚重情的读书人。优柔的唐琬让他觉得心疼。于是他倾付了心力对待她，以此获得爱。这亦是一段珍贵情缘。唐琬亦是幸运的。

而，眼下的睽违数年的故人相逢又是怎样一际莽撞的相遇。内心封存起的旧事再一次聚集起来，然后迸发出凶猛的力，击溃了自己，损伤了别人。却又都无能为力。相对无言是一阵恍惚。然后唐琬重新起步走向赵士程。

是，她早已不再属于你。他知道，于是他痛了。痛得山崩地裂。痛得身毁心焚。她会知道吗。会知道的吧，也许。昨日情梦，今日痴怨尽绕心头。于是他在沈园的壁上写下一阕《钗头凤》，祭奠不再复返的记忆里的温情与深刻。那是一个落寞男人唯一能做的事情了，那一刻。

> 红酥手，黄滕酒，满城春色宫墙柳。
> 东风恶，欢情薄，一怀愁绪，几年离索。
> 错，错，错。
>
> 春如旧，人空瘦，泪痕红浥鲛绡透。

桃花落，闲池阁，山盟虽在，锦书难托。

莫，莫，莫。

后来，秦桧病死。陆游重新被朝廷起用，出任宁德县主簿。次年，唐琬重游沈园。当这个日渐沧桑的女子望见当年陆游题在壁上的《钗头凤》，如同又一次地望见心底被雪藏起的那一道陈旧的光。终于没有忍得住，泪流满面。日臻憔悴郁悒成疾的唐琬在凉薄的生色里唯有再填一阕《钗头凤》，以祭奠，昔年里的遇见。

世情薄，人情恶，雨送黄昏花易落。

晓风干，泪痕残，欲笺心事，独语斜阑。

难，难，难。

人成各，今非昨，病魂常似秋千索。

角声寒，夜阑珊，怕人寻问，咽泪装欢。

瞒，瞒，瞒。

再后来，仕途渐顺畅的陆游受得宋孝宗赏识赐进士出身。进而官居宝华阁待制。七十五岁他告老还乡的那一年，再经沈园。

此时，唐琬早已香消玉殒。那一刻，他触摸这沈园沧桑的石壁，往事再度侵袭了这个鹤发老者。那一对浑浊眼目早已无法辨识记忆里那一年不期而遇的景况。只是他知道，身为一个男人，这一生里最大的遗憾是再也不会有机会弥补了。再没有机会重新来过。
情所至，赋《沈园二首》。

　　　　城上斜阳画角哀，沈园非复旧池台。
　　　　伤心桥下春波绿，疑是惊鸿照影来。

　　　　梦断香消四十年，沈园柳老不飞绵。
　　　　此身行作稽山土，犹吊遗踪一怅然。

　　十年后。他八十五岁。沈园数度易主，物是人非，早已是"坏
壁醉题尘漠漠"，唯有"断云幽梦事茫茫"。于是他最后作了那一首
"沈家园里花如锦，半是当年识放翁。也信美人终作土，不堪幽梦
太匆匆"的诗，让人读到满面泪流。

　　人必是要死，故迹也将荡然无存，粉壁上的诗词亦是会消匿无
踪迹，但这一些爱，烙刻进时光深处跌宕成一个美丽的传说。在
滚滚红尘里沉淀，日益变得悠长婉转。

33 | 牡丹亭

[杜丽娘，柳梦梅]

《诗经》好美。

《牡丹亭》里写，"论《六经》,《诗经》最葩，闺门内许多风雅：有指证，姜嫄产哇；不嫉妒，后妃贤达。更有那咏鸡鸣，伤燕羽，泣江皋，思汉广，洗净铅华。有风有化，宜室宜家。"《诗经》有《周南·关雎》篇，又是动人心腑，美中极致。

> 关关雎鸠，在河之洲。窈窕淑女，君子好逑。
> 参差荇菜，左右流之。窈窕淑女，寤寐求之。
> 求之不得，寤寐思服。悠哉悠哉。辗转反侧。
> 参差荇菜，左右采之。窈窕淑女，琴瑟友之。
> 参差荇菜，左右芼之。窈窕淑女。钟鼓乐之。

"关关雎鸠，在河之洲。窈窕淑女，君子好逑。"四句爱情诗的意义可以是阅尽心意的春风一笑，可以是低眉哀吟的惆怅深愁，亦能令闻者发无限幽思，情意痴痴。杜丽娘，她就是那个读罢雎鸠心潮翻涌不能自已的女子。情之所至，一往而深，她在最软弱的时候读到了她年轻的时辰里阙如的真相。于是，她的生命由此而痴。

杜丽娘父亲杜宝是西蜀名儒，时任南安太守。相传也是唐代诗人杜甫的后人。他年逾五十时依旧是膝下无子，只有娇女杜丽娘。于是这般，杜宝对杜丽娘的娇宠也是到了极致的。

做官，杜宝做得一个好官，清名惠政。每年三月，他都会出游劝课农桑，与村野老夫闲话农事琐碎与家常。做父亲，他却做得万分温情也不敌那一回的冷若冰霜。因他内心自有一套顽固的旧俗体制，并以此为行事准则，最终扼杀了女儿一心春花。而杜丽娘的故事，似乎却是因这一处的止，才有了始。

那一年，杜丽娘年方十六。日光盛照，她在闺中跟着老师习字阅书。不料《诗经·关雎》的那几句落入了她的眼。吟时，只觉内心温柔，读罢，却已是情意百转，不能自已。她不知何故，只知内心霎时春意汹涌，那感觉似是要吃了她这副娇弱的身体。她猛然有一点按捺不住，便扯过丫鬟春香的手，走了出去。

春畴渐暖，杏花深处，满目春光止不住。她自幼家教谨严，从不擅自乱步悠逛。只是这一日，她不知从哪里得来一些气力，竟有了一些不管不顾的姿势。春香懂得不多，只想让小姐愁眉舒展，不求其他。于是，她便引着小姐来到杜家的后花园，去看看那春光烂漫。岂料这一游，杜丽娘便将一生蓄下的温柔都投进了这游园的时辰里。

入了园，一睁眼，只见，"袅晴丝吹来闲庭院，摇漾春如线"。唱一段《皂罗袍》来和她的欢喜流连。"原来姹紫嫣红开遍，似这般都付与断井颓垣。良辰美景奈何天，赏心乐事谁家院？朝飞暮卷，云霞翠轩。雨丝风片，烟波画船。锦屏人忒看的这韶光贱。"

她是被困得太久了。本是一身水灵，却被方寸闺阁困束得不见人间天上，不见烟花怒放。她与这满园春光竟咫尺相隔十六年不得见。此一时，她心里面又怎能没有良人难遇的嗔怨。好时光里到处都是这深闺少年不曾遇见的美，她就这样甘愿跳进春光里，好一副视死如归的俏容颜。

待杜丽娘行至牡丹亭时，已是面色氲红，如醉如痴。支枕而眠的模样万分美艳。她就这样醺然睡去，然后得以与此生最美的风景遇见。

是一个梦。梦里，她忽见一小生，不过弱冠年纪，年长自己三四岁，却生得风姿俊朗，好耀眼。他手里持着一枝柳丝，迎过来唤"丽娘"，要她题诗。她娇羞不语，听他说话。他来上一段《山桃红》，便抱着姑娘花下去眠。

> 则为你如花美眷，似水流年。
> 是答儿闲寻遍，在幽闺自怜。
> 转过这芍药栏前，紧靠着湖山石边，
> 和你把领扣儿松，衣带宽，袖梢儿揾着牙儿苫也。
> 则待你忍耐温存一晌眠。
> 是那处曾相见？
> 相看俨然，早难道好处相逢无一言。

要几生几世的缘，才能欢会心许在梦中。游园回来，杜丽娘极度寻梦不得，便相思成疾，害了病。思的人念的人却不知在茫茫人海的哪一处。她与他之间，相隔何止万水与千山。一日一日，恹恹瘦损。眼看着，就要枯萎。这不是荒诞的。这是深情的。若深情即是一桩悲剧，必当以死来句读。

那一日，杜丽娘起身对镜照。不见往日风华俊妍的貌色，只有一脸难堪的憔悴。光阴把她磨，一点余地也不留。她突然担心自己时日已不多，若是就这般匆匆草草地离开掉，怕是心里会落下憾，走也走不利落，死也死不清净。所以她即刻便唤来丫鬟春香，撑起身子来把心底的那件事做掉。

《牡丹亭》里唱了一段《普天乐》。

这些时把少年人如花貌，不多时憔悴了。
不因他福分难销，可甚的红颜易老？
论人间绝色偏不少，等把风光丢抹早。
打灭起离魂舍欲火三焦，
摆列着昭容阁文房四宝，
待画出西子湖眉月双高。

她一点一点把自己绘于绢上。如此繁艳，又如此苍凉。她此时亦是风华年纪沧桑容颜，她不要让他看见这一时的萧索形容。她要留给他最好的风光。

"谢半点江山，三分门户，一种人才，小小行乐，捻青梅闲厮调。倚湖山梦晓，对垂杨风袅。忒苗条，斜添他几叶翠芭蕉。"眉目艳姣月，一笑倾城欢。她为他绘下了一种楚楚迎送的，至丽极美的模样。是她最好的时光。

到底是病去了。她临死时，嘱咐丫鬟春香，将此图置于紫檀匣子里，藏在太湖石底下。绢上杜丽娘遗诗四句："近者分明似俨然，远观自在若仙。他年得傍蟾宫客，不在梅边在柳边。"如此，她方才安心合上双目，熄灭了最后一点心火。她死后，依她所愿，葬她于花园牡丹亭旁的老梅树下。后来此处筑起了一座梅花庵。

写到这一处，仿佛能嗅见那昆曲戏台上，杜丽娘扬起的水袖下带起的草尘花香。也似见那书生抱起她的身时的满面春意盎然。书生是谁，是柳梦梅。这厢是丽娘为爱香消玉殒，那厢是梦梅恋上画中的仙。

元杂剧里说他柳梦梅原系唐朝柳州司马柳宗元之后，本来生活如水匀顺，他带着郭橐驼之孙，在岭南广州植树，栽接花果，相依过活。如此而已。至于他与杜丽娘的牵系在他这一处亦是因了一场梦才有了因果。他那日梦到一园，园中梅树妍丽，树旁立着一美人，眉目如画。他们知也不知，这一梦千里，是姻缘里的福分。

后来，柳梦梅去临安求取功名。路过南安，生了一场病。恰逢此时，他遇到了那座梅花庵里的人。于是，他被带至庵堂里修养身体。待后来他痊愈时闲逛梅花庵，竟意外撞破了被生死隐藏起的爱与真相。

他竟不可思议地拾得了杜丽娘的那一幅画像。一眼是美，再望就惊了魂魄了。眉目之间的神是他所熟稔的，他分明在哪一处见过她，只是一时想不起。又见素绢边上有题诗，一句"不在梅边在柳边"又惊动了他的神，他迫近真相只差毫厘，带着满心的狐疑他也题上了一首，落款"柳梦梅"三个字。

是夜，她寻来了。她的魂魄是寻着他惊扰她的气味而来。她就如同《聊斋》的狐仙一般，夜半敲开书生的门，来寻一颗真心。他问她身世，她只说自己是"东邻之女"，她哪里敢说自己当下不过是香魂一缕，一朝悠游，一朝丧，是脆弱不堪的。待她见那帕上落款的"柳梦梅"三字才豁然开朗，暗暗了悟了缘分天注定的道理。

她不是愚的女子，她什么都不说破，仿佛要使得一颗千金不换的真心才能落定心里头的余爱。如此来往许多日，他终于在一个夜里向她袒露心意，想娶她为妻。他说："柳梦梅，柳梦梅，南安郡舍，遇了这佳人提挈，做夫妻，生同室，死同穴。口不心齐，寿随香灭。"到这时，她方才娓娓道出了所有的事。

她的生。
她的死。
她的爱。
她的痴。

这个时候，任他柳梦梅心中生出多少压抑与紧张，也不能转身离掉。因他确确实实对杜丽娘动了真心动了真意了真感情。他向她询问办法，如何才能救了她，还他一个活生生的杜丽娘。

后来，他按照杜丽娘的指示找道姑帮忙，而最终的结局自然是花好人月两团圆。柳生开了棺，丽娘复了生。但是相思莫相负，牡丹亭上三生路。生死禁制也抵不过他们的痴爱绵绵。

至于，后来那一段杜丽娘父杜宝认婿的颠簸已经不足挂齿。仿佛后来的那一些喧闹是他们故意的叫嚣，逼迫世人都看得到这一双人的甜满，以此成传奇，被时光演绎。剧无终，爱亦不止。

情不知所起，一往而深。
生者可以死，死可以生。

34 | 桃花恋

[秋香，唐寅]

好男子。应当是内心担当如河流，敢爱敢恨，直面灵魂深处细微躁动的人。才华不够重要，身外财更不足挂齿。生之终年，多数人所祈求的也不过就是平定、洁净、清简、安稳。所以，人往往只需要一颗执着又静定的心来过一生，而已。对爱，更是如此。

唐伯虎是这样的人。且不论其遍地的才华，单单只是他追逐秋香千万里的决绝之心便令人爱赏不已。如此良人，人间不多。

故事发生在苏州。苏州自古便给人浪漫印象，总与男女情事有牵绊。唐伯虎与秋香的爱情也没有例外。故事里的他风流成性，放浪形骸，洒然快活，好生自在。那日，唐伯虎正在苏州山塘寺游玩，恰遇无锡华太师夫人携婢仆前来进香。

且看华夫人四名婢女，个个姿容都是艳丽明目，似仙人。春香"嫩脸如桃杏为带俗"，夏香"纤腰似柳叶露轻狂"，"金莲不是潘妃步"是冬香，秋香更是"如蕙如兰压众芳"。良辰遇佳人，多美的事。

起初，他也只是观望，并无甚更进的心思。却不料她偏偏遗落一方帕在他脚下，被他拾得。后华夫人游了一趟虎丘，他在虎丘重又遇见她，于是他有了一些玄妙的想法，总觉这女子与自己是有一些缘分的。于是他便在一山石旁挡住她的去路，借口将丝帕还给她跟她说上了几句话。

人与人之间的交往，总有一方要作先。他堂堂七尺男儿又岂有等爱之理，喜欢便是喜欢了。几句攀谈下来便仿佛经年重逢的故人，彼此之间也有了一些莫可名状的默契。她见她一脸单纯的欢喜如孩童一般，便猝不及防地失了笑。这一笑，笑得唐伯虎如沐春风，心思荡开几百里。她也告诉他，不久，华府一行人便会登画舫去往无锡东亭，返回华府。

唐伯虎点秋香，本就由民间故事《三笑姻缘》的曼妙附会流传开。说的便是秋香三笑于唐寅，惹出一段千回百转的爱恋。此处，说的正是秋香对唐伯虎的第一笑。

那第二笑发生在华府一行人返回无锡的水路途中。因唐寅不舍秋香，便尾随华府画舫，乘小舟前去无锡。途中，秋香出来倒水，正巧泼到了他的身上。这一回淋得他呆若木鸡，却心花怒放。男子的痴，有时便是一颗孩童心般的纯真，总是令人愉悦的。于是，她二笑。

其实，笑与不笑对他来说，并无差别。从他对缘分信以为真的那一刻开始，一切都不重要，除了他爱她。不过，三笑在那《三笑姻缘》的民间故事当中是重要的，它不单是一根线索，也有一种与二人感情层递的意味。所以，到了第三笑的时候，亦是唐伯虎与秋香的感情质变的一个时刻。因他为这第三笑做出了入华府点秋香的决计。

他尾随华府人至华府门口时，被秋香察觉。她一回眸，便正中了他的方位。于是，便有了秋香那嫣然的第三笑。这一回，唐伯虎知，这段情是种下了，是要开始了，而他也不再有退路了。

他说："怎经得一笑不堪重又笑，害得俺神魂飘荡越疯魔。想着她两番有意花含笑，难道秋姑还未有夫？喜只喜一点灵犀通宝座，恨只恨三千弱水又起情波。可怜我孤身不带花包客，却叫我何法能描郭璞府。如坐针毡无别计，我只得紧追慢赶看如何。"所以，后来，他便借华府招补家仆之机，改名"康宣"应召入府为奴。

若是有男子能为女子甘愿为奴，那他心中对她的爱，定如生命一般郑重。男人大丈夫，有所为，有所不为。他为她，甘愿卑躬屈膝委身做奴。后来，唐伯虎因帮助华太师儿子作文被华太师注意到他的才华，于是，华太师便将他安排到两个儿子身边做书童。

华太师说："想英雄自古惜英雄，独爱你蕴藉才华却不同，今日里命你书房同伴读，须待要三余三上把书攻。其窗若不把功夫用，哪得他年鱼化龙。古圣先贤须备讲，休夸末技弄雕虫。想你贫穷还未享书包富，既为伴读，你与大爷、二爷必须如切如磋地用功。若得一枝丹桂折，方信那读书之乐乐无穷。少不得将来还要加恩典，莫谓桃园路不通。"

后来，唐伯虎便在华府做了一年书童。

没有料到的是，入府一年却未见得秋香几回，心里越发觉得可惜。多次接近秋香，均未得谐和。一日，他意外得与秋香邂逅。于是，他难抑心中挚烈情感，便吐露了自己的爱慕之心。他不知的是，秋香亦是对他有所思，也是芳心暗许。女子的感情纵然缓慢，但若是发生了，总是隐忍深刻，令人猝不及防地浓烈。她对唐伯虎便是如此。

一来二去，两人便私定了终身。并筹谋若得时机，双双私奔而去。这是令人晕厥的契约。大胆。冲动。不顾一切。但正因它发生于唐伯虎的身上，便总令人觉得是顺理成章、理所当然的事情。

彼时。华府生性愚钝的二位公子对唐伯虎已是处处都有了依赖。加上唐伯虎曾为华夫人画像，亦曾协助华太师与人吟诗作对，应酬宾客，深得华太师的欣赏。华太师夫妇和华府公子便都对他愈加器重。

另一头，唐伯虎的好友祝枝山，被唐伯虎夫人陆昭容所逼，去杭州访唐。正是祝枝山出的一条妙计，唐伯虎与秋香的这段情才不至于空付流年。

依计，唐伯虎对华府两位公子谎称祝府愿赐美婢为妻，来招他入府。他也佯装有动摇的心思，说意欲改投祝府。但华府两位公子对唐伯虎已依赖成性，二公子转告华太师，华太师迫于无奈之际，二人便允诺唐伯虎，府上婢女，可任选一人为妻。于是唐伯虎点秋香，华太师不得不应。至此，好事方成。

后来还有一些传说里的戏份，不过也只是做一些锦上添花的团和圆满。这符合中国人的圆融之心，凡事都有和悦的期望。

说唐伯虎点了秋香之后，便带秋香私奔，离开了华府。华府百般打探找寻，得到消息，华府奴仆"康宣"携秋香入了唐伯虎的府邸做事。于是华府一行人便去唐府索人，却惊见才华横溢的"康宣"正是盛名在外的才子唐伯虎。于是真相大白，华太师也便做了一个顺水人情，认了秋香做女儿，华夫人也大办妆奁相送。

　　唐伯虎点秋香的故事，结局是失真的圆满，却也有一种令人愉悦的好。只可惜，它只是民间故事，非是真实历史。伯虎是他的字，寅才是名。民间口头文学将此风流韵事附会于他身也是可以理解的。

　　据史家考证，秋香原型是明朝成化年间南京妓女林奴儿，她的年纪比唐伯虎大十几岁。华太师确实是无锡人，但他的年纪又要比唐伯虎小上二十多岁。只不过，这一些说破了，唐伯虎点秋香的趣味也就丧了。但民间那《三笑姻缘》至今从未绝于耳。

　　此时此刻，只来用浪漫心意去回味这《三笑姻缘》里唐伯虎与那名叫秋香的女子之间千回百转的流连事，就很好。

35 | 花渡

［杜十娘，李甲］

时为明朝万历年。北京城南的"教坊司"有名妓杜十娘。年方一十九岁，美艳绝伦。多少京城男人对她情迷意荡，破家荡产而不惜。冯梦龙《警世通言》里说她：

> 浑身雅艳，遍体娇香，
> 两弯眉画远山青，一对眼明秋水润。
> 脸如莲萼，分明卓氏文君；
> 唇似樱桃，何减白家樊素。
> 可怜一片无瑕玉，误落风尘花柳中。

是这样美如诗画的女子，行止自在又迷离。纵然坠落风尘，内心也有担当的力量，对人生始终有向往。作风尘事，从不甘愿。

她时刻都在为跃离这繁花绿柳之地蓄势。但这一些心事，只隐蔽在她的内心深处，鲜为人知。那些败家的公子也顶多只能用金银来换得交欢的资格。她虽委曲求全，却也不是会轻易将自己托付的女子。

但总是要遇到那一个她自以为恰到好处的人。李甲出现时，她以为自己等了七年的那人便是他。因他举止文雅，与旁的寻花问柳的公子显得有区别。但她不知道，他的静默不是风雅，是愚钝、懦弱，是一种怯怯的活。

她误读了他的安静。但他至少也还算是一个温存的人，对她也的确体贴入微，处处帮衬着，将她当作自己的人。

如此一来，时间久了之后，杜十娘便难免心里有似水的温柔漫出来。风尘里的女子比旁人多出一些心思来保护自己，倘若心敞开了，则又比旁人多出许多分的情意浓稠。再见他二人，便是情好愈密，朝欢暮乐。终日相守，犹如伉俪。亦是海誓山盟，且若各无他志。

两人交往并不张扬。这么怯怯往来了一年有余，李甲囊箧渐萧条，身上的银两差不多也都花尽在杜十娘的身上。此时，李甲钱财已疏。于是，杜十娘院里的老鸨便立刻变了颜色。先前假意恭敬的诌媚态度荡然无存。"以利相交者，利尽而疏"。古人的话总是不会错。

只见老鸨恶心贪张，屡次教杜十娘打发李甲出院。但杜十娘不从，于是这老鸨开始对李甲处处刁难，对杜十娘也是叱骂不止。她是绝不会让身无分文的穷书生坏了她院里摇钱树的生意。但杜十娘也已不是早年的小婢，她自恃为了院里挣了钱财万贯也就有了身价，对老鸨的回应也是不依不饶。

老鸨气急，便对杜十娘撂下狠话："只要他三百两，我自去讨一个粉头代替（你）。只一件，须是三日内交付与我，左手交银，右手交人。若三日没有银时，老身也不管三七二十一，公子不公子，一顿孤拐，打那光棍出去。那时莫怪老身！"

这一头杜十娘心里便有了万分欣喜。老鸨这一句话给了她何止是对未来的一点指望。她立马变应了老鸨的要求，并与老鸨商议由"三日"期限宽限至"十日"。杜十娘怕老鸨反悔，激老鸨立誓"若翻悔时，做猪做狗"，击掌为定。

想她那一刻，心里定如同照入温暖春光，一切都是明媚鲜亮。

杜十娘跟李甲说了此事之后，一双人都是心意透亮地对未来持着向往。却苦于三百两白银无处筹集。李甲因流连烟花地早已在亲友之中坏了名声，谁也不愿意拿出钱来帮他往妓院里填。李甲奔波数日一无所得，于是杜十娘献上自己日积月攒的一百五十两碎银。

恩深似海恩无底，义重如山义更高。若不是杜十娘情真意切感动了李甲同乡柳监生，得其出手相救，又借了李甲一百五十两银子，二人怕也是难结姻缘难好合。

银子虽凑足，但老鸨果真有反悔之心。但杜丽娘晓以利害，以死相胁，老鸨无奈也就放了这一双人。临别时，杜十娘拜别了院里好姐妹。这花柳是非之地，她总算熬出了头，离开了。那句"鲤鱼脱却金钩去，摆尾摇头再不来"说的就是杜十娘此时的心境了。

去时，姐妹们送给杜十娘一个封了锁的描金文具做礼。这小箱正是那广为后世人所知的"百宝箱"。但彼时，李甲尚不知箱里乾坤。

杜丽娘虽被赎了身，但她吃苦多年，身子已经失了贞洁。这是她无奈之短。而李甲又是家规甚严，他担心家中严父不应这门亲事，担心她过不了李甲的门。于是二人合计后，杜十娘说："既然仓猝难犯，不若与郎君于苏杭胜地，权作浮居。郎君先回，求亲友于尊大人面前劝解和顺，然后携妾于归，彼此安妥。"

方法是可行的，却不能确保事成。所以，李甲心中依然戚戚。话说这一头，二人已乘船离了塞北，初近江南，遇得一名叫孙富的青年男子。年方二十，生性风流，惯向青楼买笑，红粉追欢，轻薄得很。恰巧这夜，杜十娘与李甲兴致勃发，她唱曲来他作诗，好不快活。

不料，杜十娘的一把好声音传到邻船的孙富耳里。又恰逢天将晓时，杜十娘梳洗结束，纤纤玉手揭起舟傍短帘，自泼盂中残水，粉容微露，被孙富窥见。声是天籁好音，色是倾城颜色。一时间，孙富意乱情迷、不知所措。只可惜，好花有主。再三思虑，孙富便使出奸计，意欲拆散二人，将杜十娘据为己有。

女子之美，沉静得福，嚣艳惹祸。杜十娘始料未及的黑暗日竟毗邻光明而至。李甲被孙富请过去喝酒，席间，孙富句句下套，李甲倒是也好，次次往套里跳，最后晕厥，一切再没了主意。孙富说，以我千金换你美人。他也无异议。李甲的愚钝、怯懦、自私，一览无余。

却说杜十娘情痴，尚不知劫数，仍于自家船里摆设酒果，欲与公子小酌。他李甲却与孙富一番好酒好肉，终日未回。杜十娘也无怨，仍端然候在家里痴痴挑灯以待。她不知，等回来的官人再不是那个对自己信誓旦旦的男子了。

李甲回到自家船里之后，面色凝重。其中怨艾不明的情绪杜十娘丝毫不差地领悟到其中的差错。夜半。李甲辗转难眠，到底还是跟她说出来令人愤绝的话。待他话一说绝，杜十娘放开两手，冷笑一声。你可知，那一声笑里，多少凄楚难当咽进了她空薄的腹里。

有些人感情的质地本单薄易碎，得到与失去亦不过毫厘之差。得之，她幸。不得，她命。一切罪责都无从推诿。跟了李甲，她只有认了这苦不堪言的命。

彼时，她心里也知道这一世，再没有可回还的退路了。他生生掐灭了她最后的一点生的指望。她冷笑这人间荒诞的相遇与流离。爱成了天诛地灭的罪。

次日。杜十娘，脂粉香泽，用意修饰，花钿绣袄，极其华艳，香风拂拂，光彩照人。她不声不响，立在船头，等他叫她走。之于她，他已是妖，何妨成魔。那一头，孙富将白银千两抬去李甲船上，这一头，便等着杜十娘微步上船。但她决然不是他们可把握得了的。她不是庸常的，她是精绝的，是无与伦比的女子。

一切妥当时，她便命人送来那姐妹相送的描金文具，安放船头之上。那哪里是姐妹的，分明是自己的，只不过托了姐妹作了一场戏，不至于让潦倒的李甲难堪罢了。

只见杜十娘轻取钥开锁，箱内有抽屉层层。且看她唤来李甲，当众一层一层抽来叫他看。第一层，翠羽明珰，瑶簪宝珥，约值数百金。她投入水。第二层，古玉紫金玩器，约值数千金。又投入水。最后一箱，夜明珠盈把，其他祖母绿、猫儿眼，诸般异宝，目所未睹，莫能定其价之多少。再投入水。

他不知她已下定玉石俱焚的心。她是要他知道，是他的浅薄愚钝葬送了她的一片痴爱。那爱，又岂是狗眼的孙富那区区千金可换得的。她杜十娘连万金都不惜。所有不被珍惜的，终将被怀念。她知这日是尽头，索性摊开了心给世人看清那人性里的善恶。末了，请忍着心酸来听她那一番哀绝人心闻者断肠的话。

她恨孙富：

　　我与李郎备尝艰苦，不是容易到此。汝以奸淫之意，巧为谗说，一旦破人姻缘，断人恩爱，乃我之仇人。我死而有知，必当诉之神明，尚妄想枕席之欢乎！

她怨李甲：

　　妾风尘数年，私有所积，本为终身之计。自遇郎君，山盟海誓，白首不渝。前出都之际，假托众姊妹相赠，箱中韫藏百宝，不下万金。将润色郎君之装，归见父母，或怜妾有心，收佐中馈，得终委托，生死无憾。谁知郎君相信不深，惑于浮议，中道见弃，负妾一片真心。

今日当众目之前，开箱出视，使郎君知区区千金，未为难事。妾椟中有玉，恨郎眼内无珠。命之不辰，风尘困瘁，甫得脱离，又遭弃捐。今众人各有耳目，共作证明，妾不负郎君，郎君自负妾耳！

孙富心惊胆战，李甲泣涕不止。却都是悔之晚矣。只见杜十娘语毕，只留下嫣然一笑，便纵身跃进了江。云暗江心，波涛滚滚。杜十娘，不过刹那，便再无影踪。可怜她，三魂渺渺归水府，七魄悠悠入冥途。

> 不会风流莫妄谈，单单情字费人参；
> 若将情字能参透，唤作风流也不惭。

如果能有一种爱会永远，那一定是千百回转才得见明媚的饱尝人间苦难的感情。再想杜十娘，心里盈满的都是泪。唯愿她来生，静好安稳，有人爱喜。被翼翼收藏，妥善安放，细心保存。免她惊，免她苦，免她四下流离，免她无枝可依。

自古红颜多薄命，红消香断有谁怜？罢了。这风尘浊重的人世间，几人有真心，几人又能得真情。这一生一世，谁不想遇得真心人来度朝夕流年。

若，人生只如初见，那该是多好的事。